LES
CHAMBRES DES MÉTIERS
(HANDWERKSKAMMERN)

DISSERTATION POUR LE DOCTORAT

présentée à l'Institut supérieur de commerce de l'État à Anvers

par

ALEXANDRE SNYCKERS

Licencié du degré supérieur en sciences commerciales
et consulaires

Hauptlehrer an der Öffentlichen Handelslehranstalt
zu Leipzig

Leipzig
G. J. Göschen'sche Verlagshandlung
1906

Spamersche Buchdruckerei in Leipzig.

Sommaire.

I. Bibliographie.

1. *Adler, Prof. Dr. Georg,* Über die Epochen der deutschen Handwerkerpolitik.
2. Badische Gewerbezeitung.
3. Berichte der 71 deutschen Handwerkskammern.
4. *Böttger, Hugo,* Geschichte und Kritik des neuen Handwerkergesetzes.
5. *Eckert, Hermann,* Praktische Organisation des Arbeitsnachweises.
6. Frankfurter Handwerkerzeitung.
7. *Graf, Max,* Das Genossenschaftswesen im Handwerk.
8. *Hampke, Dr. Thilo,* Handwerker- oder Gewerbekammern?
9. *Haußer, Karl,* Die technische, kaufmännische und kunstgewerbliche Ausbildung der Handwerker.
10. *Hoffmann, Dr. F.,* Die Organisation des Handwerks.
11. *Huber, Prof. Dr.,* Zur Einführung des Reichsgesetzes über die Innungen und Handwerkskammern.
12. *Kellen, E.,* Gewerbliches Auskunftsbuch.
13. *Koepper, Gustav,* Was muß der Handwerker bei der Meisterprüfung von unseren Gesetzen wissen?
14. — —, Was man bei der Gesellenprüfung wissen muß?
15. — —, Wie muß sich die Handwerkergesetzgebung ausbauen?
16. — —, Die Reform des Submissionswesens.
17. — —, Die Reform der Gefängnisarbeit.
18. *Mertig, J.,* Was der Handwerker von kaufmännischen Kenntnissen wissen muß.
19. *Neuhaus, Dr. Georg,* Die Handwerkskammern, ihre Organisation und ihre Aufgaben.
20. — —, Innungen und Innungsausschüsse.
21. *Obst, J. G.,* Was soll ich werden?
22. *Pape, Richard,* Praktische Durchführung der Handwerkernovelle vom 26. Juli 1897.
23. — —, Meistertitel und Meisterprüfung.
24. — —, Die Regelung des Lehrlings- und Gesellenprüfungswesens im Handwerk.
25. Reichsarbeitsblatt herausgegeben vom Kaiserlichen Statistischen Amt.
26. *Rodbertus,* Wie ist dem Handwerkerstande zu helfen?
27. *Roehl, Dr. H.,* Der Befähigungsnachweis, seine Geschichte und seine Durchführbarkeit.

28. *Rösemeier, H.,* Was man von der Geschichte des Handwerks wissen muß.
29. Sitzungsberichte der Handwerks- und Gewerbekammertage.
30. Thüringer Handwerker- und Gewerbezeitung.
31. *Weiß, A.*, Der Handwerker sonst und jetzt.
32. *Weiß, K.*, Die gewerbliche Ausbildung durch Fortbildungs- und Fachschulen, Kunstgewerbeschulen und Lehrwerkstätten.
33. *Wolff, E.*, Der Handwerker.

II. Historique.

Pénétration du principe de la liberté du travail dans les divers pays — La déclaration des droits de l'homme, faite le 4 juillet 1776 par les représentants des États-Unis d'Amérique, proclamait la liberté du travail.

L'Édit de Turgot, de la même année, s'inspirant de ce principe, abolissait en France les corporations, maîtrises et jurandes et affirmait que le droit de travailler était la propriété de tous et la première, la plus imprescriptible de toutes.

Les corporations françaises se relevèrent d'abord de ce coup sensible, mais perdirent finalement leur principale raison d'être lorsque, treize ans plus tard, l'Assemblée nationale déclara que la liberté du travail était un droit naturel.

L'abolition de l'ancienne organisation des métiers fut définitivement décidée par la loi française du 17 mars 1791, stipulant que désormais «il serait libre à toute personne de faire tel négoce, d'exercer telle profession, art ou métier qu'elle trouverait bon».

En 1791, commença donc réellement en Europe le régime actuel de l'organisation du travail, le régime de la liberté, basé sur le principe de la libre concurrence.

Les corporations avaient pour caractère commun de régler, par voie d'autorité ou d'hérédité, le nombre et l'importance des fonctions et de soumettre ceux qui voudraient les exercer à certaines conditions.

Dans la société moderne, la concurrence que l'on considère comme l'âme du progrès, est seule distributrice des professions.

La liberté du travail, reconnue en France, s'étendit, dans la suite, aux autres pays de l'Europe. Elle fut tout d'abord une conséquence de la domination française pour les pays annexés ou soumis par la République, puis par le premier Empire, notamment pour la Belgique et une partie de l'Allemagne. Dans ce dernier pays, dès le 17e siècle, divers gouvernements avaient essayé vainement de restreindre l'action et de réprimer les abus des corporations. Après la Révolution de 1789, l'influence française grandit tellement Outre Rhin que le ministre prussien Stein-Hardenberg décida, par les édits du 2 novembre 1810 et du 7 septembre 1811, que le droit d'exercer un métier ne serait plus réservé exclusivement aux membres des corporations.

L'«Allgemeine Gewerbe-Ordnung» du 17 janvier 1845, base de la présente législation du travail, s'inspira également des idées françaises, mais un édit du 9 novembre 1849 signifia, pour la Prusse, un retour à l'ancien état de choses. Quelques autres États allemands avaient, d'ailleurs, conservé jusqu'alors le régime corporatif dans toute sa rigueur.

En 1859 enfin, une loi autrichienne fut le signal de l'adoption générale des principes de la liberté du travail et de la libre concurrence, qui furent introduits, en tout dernier lieu, en Bavière, en 1868.

La Confédération de l'Allemagne du Nord se conforma à ces règles nouvelles, par la loi du 21 juin 1869. Peu après la fondation de l'Empire, cette loi fut, de 1871 à 1873, rendue successivement d'application générale dans tous les pays allemands, sauf en Alsace-Lorraine, où elle n'entra en vigueur qu'en 1889.

Décadence du régime corporatif. — Le plus souvent, les anciennes corporations subsistèrent, mais le nombre de leurs membres décrût rapidement. Devenues de simples associations sans but bien déterminé, elles ne répondaient plus à une nécessité: n'étant plus appropriées aux conditions de l'époque contemporaine, elles perdirent toute importance économique.

Bien avant que l'ancien régime corporatif fût définitivement aboli, s'était fait sentir le besoin d'un organe représentant les intérêts des artisans. Ce besoin se faisait plus impérieux, au fur et à mesure que les nouvelles méthodes de production mettaient le petit métier plus étroitement aux prises avec la grande industrie.

Initiative privée. — Tout d'abord, les artisans, de leur propre initiative, fondèrent des associations professionnelles, des «Gewerbevereine», sous forme de sociétés privées traduisant, occasionnellement, les idées et desiderata de leurs membres. C'étaient de simples groupements locaux qui développèrent une activité plus ou moins prononcée dans les questions économiques à l'ordre du jour.

Presque en même temps, se créèrent d'autres sociétés, des «Fachvereine», se préoccupant moins des besoins locaux et ayant surtout en vue le bien-être et les intérêts généraux. On doit à ces «Fachvereine» une presse active, des expositions techniques, des congrès et des écoles professionnelles; elles exercèrent donc une influence heureuse.

Intervention de l'État. — L'État, jusqu'à ce moment, avait peu fait pour les artisans. La sauvegarde des intérêts du métier était nominalement confiée aux «Handelskammern» ou Chambres de commerce. Mais comme, seuls, les commerçants notables avaient droit de vote aux élections de ces «Handelskammern», les artisans avaient peu à espérer de cette institution.

On essaya ensuite, par un arrêté du 9 février 1849, de fonder une représentation commune des intérêts de l'agriculture, de la grande industrie et du métier, sous le nom de «Gewerberat» (Conseil des industries et métiers); cette tentative échoua complètement: les divers éléments d'un tel organisme étaient trop disparates pour agir avantageusement de concert. A Hambourg, Brême et Lubeck, toutefois, les artisans avaient déjà leurs propres représentants.

En général, la situation du métier est partout défavorable, moins cependant en Saxe et en Bavière que dans les autres pays allemands, par suite de l'activité incessante que développaient, dans ces deux royaumes, les diverses associations professionnelles.

Réorganisation des corporations. — Le 26 juillet 1897 enfin, parut une loi qui réorganisa la législation du métier.

Tout en tenant compte du principe de la liberté du travail, elle réglementait les corporations, qu'elle divisait en «freie Innungen» (corporations facultatives) et «Zwangsinnungen» (corporations obligatoires).

Création des Chambres des métiers. — L'objet essentiel de la nouvelle loi était cependant tout autre. Cette loi créait les «Handwerkskammern» (Chambre des métiers), chargées de représenter exclusivement les artisans et de veiller aux intérêts du métier.

Les «Handwerkskammern» sont donc, depuis lors, les organes attitrés des artisans auprès des pouvoirs publics.

A l'origine, les avis étaient très partagés, quant à la nécessité de cette institution. Le métier se meurt, disait-on, il serait illogique, inutile et même pernicieux de lui rendre une vigueur factice et passagère par des mesures légales.

En règle générale, l'esprit moderne ne veut pas de mesures directement protectrices en matière de production. La loi allemande ne fait aucunement exception à ce principe, car, en instituant les Chambres des métiers, elle leur concède une existence indépendante et autonome et les met en état d'agir par tous les moyens légaux déjà existants. Là s'arrête l'intervention de la loi, qui ne recourt et ne permet de recourir à aucune mesure oppressive ou vexatoire.

La création des Chambres de métiers ainsi conçues n'a rien que d'équitable. C'était une tentative dont les suites, peut-être heureuses, ne pouvaient, en tout cas, être nuisibles. Il y a donc lieu d'approuver le gouvernement de l'Empire d'avoir entrepris cette expérience.

Qu'importe que certains symptômes fassent, à tort ou à raison, présumer la proche disparition complète du métier. Sa situation difficile, il est vrai, s'aggrave au fur et à mesure que la grande industrie se développe, mais il serait téméraire d'affirmer que ce mode de production ne sera bientôt plus qu'une curiosité historique dont il ne nous restera que quelques vestiges. Qui sait si la crise actuelle ne sera pas salutaire? On ne doit pas s'attendre à un retour peu souhaitable à l'ancien régime corporatif, mais on peut espérer que le métier sortira de cette dure épreuve rénové, mieux approprié aux conditions de vie actuelles.

Les artisans sont généralement honnêtes, intelligents et courageux, en tout point dignes d'intérêt. On ne peut rester indifférent envers toute une catégorie de travailleurs sérieux, aux prises avec les difficultés journalières. On doit lui venir en aide. C'est la mission des «Handwerkskammern».

Rodbertus, dans son ouvrage «Wie ist dem Handwerkerstande zu helfen?» voudrait plutôt des mesures légales, entraînant l'élévation des salaires industriels pour mettre de la sorte l'ouvrier d'usine à même de se fournir chez l'artisan.

Sans discuter si une telle intervention de la loi serait recommandable, nous estimons qu'elle ne conduirait pas au but visé. Dans la très grande majorité des cas, le surcroît de salaires aurait comme conséquence une augmentation soit des dépenses d'alimentation, soit de l'argent de poche, soit, chez les plus sensés, de l'épargne. Après comme avant, l'ouvrier irait à la coopérative ou au grand magasin.

Thilo Hampke, dans son livre «Handwerker- oder Gewerbekammern?» n'est pas partisan des Handwerkskammern. Il qualifie d'impossibilité une Chambre formée exclusivement d'artisans. Pourquoi? Parce que, dit-il, on ne pourrait déterminer de façon précise la limite entre l'artisan et le petit industriel.

Certes, il y a souvent une certaine communauté, mais jamais communauté absolue de traits distinctifs entre l'artisan et le petit industriel. Une classification rigoureuse sera parfois malaisée. Il se présentera des confusions, mais ces quelques cas indécis ne pourraient être un réel obstacle à l'action bienfaisante de ces organismes. Quelques petits industriels fussent-ils même comptés parmi les artisans, ces derniers seront toujours représentés en très grande majorité au sein des Handwerkskammern. Les artisans, c'est-à-dire la presque généralité des électeurs, choisiront en effet leurs délégués parmi ceux de leurs métiers qui défendront nettement leurs intérêts. Ils éviteront de donner leurs voix à de petits industriels. L'objection de Thilo Hampke semble donc plutôt spécieuse qu'irréfutable.

Hugo Böttger, dans sa «Geschichte und Kritik des neuen Handwerkergesetzes», constate la nécessité de Chambres des métiers, dont il justifie comme suit l'existence:

«Au fur et à mesure que diminue la sphère d'activité de chaque profession, on ressent de plus en plus le besoin de délimiter nettement le champ d'action et les droits des métiers, pour les protéger contre les empiétements d'autrui. La communauté d'intérêts entre gens de même métier s'accroît sans cesse et demande un représentant autorisé. Celui-ci, agissant de sa propre initiative, émettra des vœux, avis, conseils et propositions; il servira d'arbitre pour apaiser ou trancher les différends et sera une autorité administrative autonome, pleine de sollicitude et de vigilance.»

Le Gouvernement allemand semble donc avoir agi sagement en décrétant la création de Handwerkskammern qui ont dans leurs attributions la sauvegarde et la défense des intérêts de toutes les branches de métier ainsi que de tous les hommes de métier.

Rôle de la Chambre des métiers. — La Chambre des métiers est chargée de représenter les intérêts professionnels des artisans et constitue une autorité autonome, quant à la réglementation et à la surveillance de l'apprentissage.

Elle recueille les désirs et propositions des corporations et les transmet au gouvernement, en lui faisant connaître son opinion à ce sujet. Le Gouvernement adjoint à la Chambre un fonctionnaire spécial «Regierungskommissar», pour s'assurer qu'elle ne dépasse pas, dans son activité, les limites que la loi lui assigne.

Les administrations publiques ont le devoir de requérir son avis dans les questions intéressant les métiers en général ou certains d'entre eux.

La Chambre des métiers est autorisée à prendre les mesures nécessaires pour favoriser l'éducation technique et morale des maîtres, compagnons et apprentis.

Elle doit se tenir au courant de tout ce qui, dans son ressort, touche, de près ou de loin, au métier et mentionner, dans son rapport annuel, les faits nouveaux, en les commentant et en les appréciant.

Caractéristique. — Les Handwerkskammern ont comme base le régime corporatif, réorganisé par la loi de 1897.

La Chambre des métiers doit être en contact intime et continuel avec les diverses «Innungen» de son district, de façon qu'il en résulte des échanges de vues, des conseils et des avis réciproques.

Le législateur allemand semble estimer que, sans cette étroite dépendance et réciprocité des rapports de la Handwerkskammer et de ses Innungen, il ne serait guère possible de faire œuvre profitable et durable. A notre avis, l'institution des Chambres des métiers pourrait, moyennant certaines modifications d'organisation, agir utilement, même en l'absence complète d'Innungen. Nous reviendrons sur ce sujet dans la conclusion de ce travail.

III. Législation concernant les Handwerkskammern.

Exposé succinct et ordonné de la loi du 26 juillet 1897 avec commentaires.

Création. — Chaque État décide de la création d'une Handwerkskammer, là où le besoin s'en fait sentir. Il doit avancer les sommes nécessaires à l'établissement de la nouvelle Chambre.

Statuts. — Les statuts sont déterminés dans l'ordonnance de création. Ils sont susceptibles d'être modifiés ensuite par la Handwerkskammer elle-même, mais du consentement du pouvoir central.

On ne pouvait s'en tenir à un type unique et invariable pour toutes les Chambres des métiers de l'Empire. Les intérêts à défendre, les métiers à représenter, les coutumes locales à observer sont trop multiples, soumis à des influences trop diverses, suivant les endroits, pour permettre une réglementation d'application générale.

Les statuts spécifient notamment:

1) le nombre des membres;

2) le nom, le siège et le ressort de la Chambre;

3) les cas où la Chambre pourra s'adjoindre des membres supplémentaires;

4) les formalités de l'élection et les attributions du comité présidentiel (commission administrative);

5) les cas et les formalités de convocation de la Chambre ou d'une de ses commissions;

6) les formalités d'établissement et d'adoption du budget et du bilan annuels;

7) la constitution de commissions d'examens:

8) les principaux points d'organisation et d'administration.

Élections. — Les membres de la Handwerkskammer sont élus:

1) par les «Innungen» (corporations) et dans leur sein;

2) par les «Gewerbevereine» (associations professionnelles), dans leur sein, mais à l'exclusion des membres de ces associations qui ne sont pas artisans ou qui, appartenant à une «Innung», ont déjà, de ce fait, droit de vote.

La répartition des mandats entre ces divers groupements, de même que le procédé d'élection, sont déterminés par le pouvoir central du pays où la Chambre a son siège.

La conséquence de ce mode d'élection est que tout artisan non inscrit à une Innung ou à un Gewerbeverein n'a ni droit de vote ni éligibilité aux Handwerkskammern. Ceci montre bien l'intention du législateur d'établir un contact direct et étroit entre les associations de métier et les Chambres, qui en sont en quelque sorte l'émanation. Il n'en résulte pas que les intérêts des artisans indépendants ne trouvent pas, dans les Chambres, des défenseurs vigilants, les Handwerkskammern ayant pour but la sauvegarde des intérêts de tous les hommes de métier, peu importe qu'ils soient ou non membres d'une association.

Éligibilité. — Pour être éligible, il faut:

1) jouir des droits civils et politiques;

2) être âgé d'au moins 30 ans;

3) être établi comme artisan, à titre de maître ou patron, depuis 3 ans au moins, dans le ressort de la Chambre;

4) être dans les conditions requises pour employer des apprentis.

Durée des mandats. — Les mandats sont valables pour 6 ans, renouvelables par moitié tous les 3 ans. Les membres sortants sont rééligibles.

Suppléants. — Il sera procédé, pour chaque membre effectif, à l'élection de suppléants afin que, en cas de décès, de démission ou d'incapacité d'un membre, il soit pourvu sans retard à son remplacement, pour le restant de la durée de son mandat.

Commission administrative. — La Chambre élit, dans son sein, un comité présidentiel (commission administrative), ayant à sa tête, comme président, le président de la Chambre.

Secrétaire. — Elle fait choix d'un secrétaire.

Membres et experts adjoints. — Elle a le droit d'accroître, d'un cinquième au plus, le nombre de ses membres, par adjonction de personnes compétentes et expérimentées. Elle peut en outre choisir, dans certains cas, des experts avec voix consultative.

Commissions. — Elle est autorisée à nommer, dans son sein, des commissions (Ausschüsse) chargées d'une mission déterminée, constante ou occasionnelle. Ces commissions peuvent également s'adjoindre des experts avec voix consultative.

Parmi les commissions à existence permanente, il faut citer les commissions d'examens (Prüfungsausschüsse), les commissions d'appel contre les décisions des commissions d'examens et la commission de compagnons (Gesellenausschuß).

Commission de compagnons. — Chaque Chambre doit constituer une commission de compagnons. Le nombre et la répartition des mandats sont déterminés par les statuts. Chaque compagnon, membre de cette commission, a un suppléant.

Par cette mesure, le législateur veut assurer aux compagnons un organe les représentant plus spécialement au sein d'une assemblée de maîtres ou patrons. Cette commission a, d'ailleurs, un champ d'action bien précis; elle doit coopérer:

1) à l'élaboration des prescriptions réglant l'apprentissage;

2) à la rédaction d'avis, d'appréciations et de renseignements concernant les compagnons et les apprentis;

3) au jugement des appels interjetés contre les décisions des commissions d'examens.

Commissions d'examens. — Ces commissions ou jurys d'examens font passer les examens de compagnons aux apprentis qui ont terminé leur apprentissage. Elles se composent d'au moins trois membres, dont un président.

Outre les commissions d'examens créées par la Chambre des métiers, chaque «Zwangsinnung» (corporation obligatoire) doit posséder un jury d'examens qui peut se substituer, pour le métier de cette Innung, à la commission de la Chambre des métiers.

Les corporations facultatives (freie Innungen) ne peuvent constituer une telle commission que si l'autorisation leur en est accordée par la Chambre des métiers.

Lorsque le jury d'examens agit pour compte d'une Innung, le président en est nommé par la Chambre des métiers. La moitié des membres restants est choisie par les Innungen que la chose concerne, c'est-à-dire par l'assemblée générale des membres de ces corporations; l'autre moitié, par la commission des compagnons, parmi les compagnons diplômés travaillant chez un patron membre de l'Innung.

S'il s'agit de jurys formés par la Chambre des métiers en dehors d'une Innung, la Handwerkskammer élit le président et la moitié des membres restants, tandis que l'autre moitié, comme dans le cas précédent, est choisie par la commission des compagnons.

Il existe d'autres jurys d'examens. Ce sont les commissions pour l'octroi du titre de maître (Meistertitel) aux artisans qui ont travaillé depuis au moins 3 ans, en qualité de compagnons.

Ces jurys sont constitués par le pouvoir central, pour une durée de trois ans; la Chambre des métiers doit être au préalable entendue.

Les frais de ces examens sont supportés par les Chambres des métiers. Celles-ci touchent en échange les droits d'inscription des candidats.

Mission de la Chambre des métiers. — La Handwerkskammer a dans ses attributions:

1) de régler en détail l'apprentissage des divers métiers;

2) de surveiller l'exécution des règlements d'apprentissage;

3) de donner des avis et appréciations, de fournir des renseignements et de faire des communications aux autorités sur les questions que celles-ci lui soumettent;

4) de formuler et de transmettre aux pouvoirs publics des propositions et des vœux intéressant le métier;

5) de publier un rapport détaillé sur chaque exercice annuel;

6) de constituer des commissions d'examens;

7) de nommer des commissions jugeant en appel les réclamations suscitées par les décisions des commissions d'examens;

La Chambre doit être entendue dans toutes les questions importantes touchant à la situation de l'artisan.

Elle est autorisée à favoriser l'instruction professionnelle, technique et morale des maîtres, compagnons et apprentis, de même qu'à créer et à subsidier des écoles ou des cours professionnels.

Commissaire-délégué du gouvernement. — Le pouvoir central se fait représenter auprès de la Chambre des métiers par un commissaire qui doit être invité à chaque assemblée générale, de même qu'aux réunions des diverses commissions.

Ce commissaire a le droit de participer aux débats, de prendre connaissance, en tout temps, des écritures, livres et documents. Il peut mettre en délibération tels sujets qu'il juge bon et requérir la convocation de la Chambre ou de ses commissions.

Si certaines mesures de la Chambre, ou des commissions qui en dépendent, enfreignent les lois ou outrepassent les fonctions de ces institutions, le commissaire mettra opposition aux décisions prises, dont l'application sera ainsi différée jusqu'à l'arrêt définitif des autorités compétentes.

Il fallait, pour faire œuvre utile, une garantie sérieuse du fonctionnement légal et régulier des Chambres des métiers. Dans ce but, on leur a adjoint ce commissaire, qui s'efforce de prévenir et, s'il y a lieu, signale les abus.

Sanction gouvernementale. — La loi a voulu, en outre, créer une sanction pour lutter contre le mauvais vouloir possible de certaines Handwerkskammern.

Si une Chambre, dit-elle, néglige ses devoirs, enfreint les règlements ou poursuit d'autres buts que ceux que la loi lui attribue, les autorités compétentes peuvent la dissoudre et ordonner de nouvelles élections. Appel peut être interjeté dans les 15 jours auprès du pouvoir central.

Sanction des mesures de la Chambre. — De même que la loi conférait au gouvernement le droit d'intervenir pour garantir la bonne marche des affaires, elle devait reconnaître à la Chambre des métiers le pouvoir de sanctionner ses propres décisions. D'où la stipulation que les Innungen et les Innungsausschüsse (délégués de deux ou plusieurs Innungen réunis en comité) doivent obéissance à la Chambre des métiers de leur district, tant que celle-ci n'outrepasse pas ses droits.

La Chambre des métiers est autorisée à punir d'une amende maximum de 20 marks toute contravention à ses règlements. Le délai d'appel contre cette décision est de 15 jours. Les autorités sont compétentes dans la question d'appel.

Ressources et dépenses. — Le budget doit être approuvé par le pouvoir central.

Les frais résultant du fonctionnement régulier de la Chambre des métiers sont couverts par les communes du ressort, de la manière fixée par le pouvoir central et décompte fait des autres ressources dont la Chambre pourrait jouir.

Les communes peuvent faire retomber les charges qui leur incombent de ce chef sur ceux de leurs contribuables qui exercent un métier. Le mode de répartition de ces frais entre les artisans est alors déterminé par les autorités compétentes. Peuvent toutefois être libérés de toute cotisation, les artisans qui, d'habitude, n'emploient ni apprenti ni compagnon.

Certaines dépenses, par exemple celles nécessitées par l'établissement et l'entretien d'écoles ou de cours professionnels, pouvant être faites dans l'intérêt unique d'un seul métier, ne profitent donc pas à la généralité des artisans. Dans ce cas, les communes ont le droit de mettre ces frais spéciaux à charge des artisans du métier dont il s'agit.

Corporations facultatives et corporations obligatoires. — Il a été maintes fois question, au cours de cet exposé, de «freie Innungen» et de «Zwangsinnungen». Les «freien Innungen» ou corporations facultatives ont, en général, le même but et les mêmes attributions que les «Zwangsinnungen» ou corporations obligatoires.

Ainsi que le nom l'indique, la différence essentielle consiste dans la faculté ou l'obligation pour l'artisan de se faire inscrire à l'Innung de son métier. Tandis qu'il lui sera libre d'ignorer une «freie Innung», il ne pourra se soustraire à l'obligation de faire partie d'une «Zwangsinnung».

Ce n'est que l'application du principe de la soumission aux décisions de la majorité, car toute «freie Innung» peut requérir des autorités sa transformation en «Zwangsinnung», pour autant que la majorité des artisans, qui exercent, dans le ressort de l'Innung, le métier qu'elle représente, se déclare en faveur de cette mesure.

IV. Efforts des Handwerkskammern pour améliorer la situation de l'artisan.

A) Action indirecte.

1) *Lutte contre la concurrence des prisons.*

L'artisan, à l'époque de la création des Chambres des métiers, avait beaucoup à souffrir de la concurrence que lui faisait, à armes parfois trop inégales, l'État dans ses établissements pénitenciers. Depuis longtemps, le travail des maisons de détention avait donné lieu à de nombreuses réclamations, souvent justifiées. Les prix dérisoires, payés aux détenus pour les travaux qu'ils exécutent, exercent une influence par trop déprimante sur la fabrication de certains articles. Quelques exemples pris dans le tas:

A Laufen, en Bavière, une grande maison de chaussures payait aux prisonniers 1 mark de salaire, pour la confection d'une paire de souliers, alors qu'un ouvrier cordonnier n'aurait pu faire le même travail pour moins de 3 marks.

Tandis qu'à Munich, les artisans gagnent de 4 à 4½ marks par jour à la confection de cadres, les maisons de détention d'Ebrach et d'Amberg fournissent les mêmes articles à raison d'une rémunération journalière de 25 pfennigs par détenu. Au début, il est vrai, le prisonnier n'a pas l'habileté requise pour travailler à gain égal avec un compagnon ayant terminé son apprentissage régulier. Toutefois, l'expérience prouve qu'après trois ans au plus, la plupart des détenus valent, dans la fabrication des cadres, les ouvriers les plus assidus et les mieux doués. Or, ce genre d'industrie n'occupe pas moins de 300 artisans dans les deux seules villes d'Ebrach et d'Amberg.

A Ingolstadt, les menuisiers se plaignent de la concurrence de la prison d'Oberhaus. Celle-ci en serait même arrivée à soumissionner pour les fournitures de meubles.

Il n'y a donc pas lieu de s'étonner que, déjà au 2e congrès des Chambres des métiers de l'Empire, tenu en septembre 1901 à Darmstadt, on ait nommé un comité spécial, chargé de diriger la lutte contre la concurrence des pénitenciers. A ce même congrès, on décida que chaque Chambre agirait indépendamment dans son ressort pour protester contre les abus et en solliciter la répression. L'assemblée conseilla, en outre, aux artisans de s'entr'aider dans cette lutte, au moyen de la coopération sous ses différentes formes.

Dans le même ordre d'idées, le 3e congrès des Chambres des métiers de Westphalie vota, en juin 1903, un vœu en faveur de la suppression du travail manuel dans les prisons de l'Empire.

Les Chambres bavaroises surtout développèrent une grande activité dans cette question. La Handwerkskammer de Munich réclama énergiquement contre un tel état de choses, des abus semblables sévissant également dans la fabrication des brosses, des cordages, des objets confectionnés avec des cheveux, dans l'imprimerie, etc.

La Handwerkskammer de Berlin attira, en 1902, l'attention du gouvernement prussien sur la situation intolérable créée aux brossiers et aux vanniers par la concurrence des établissements de détention et l'invita à interdire, dans les prisons, tout travail relevant d'un métier. Cette pétition n'eut, d'ailleurs, pas de réponse.

Vers la même époque, la Chambre de Breslau signale la concurrence faite, dans des conditions analogues, aux cordonniers, aux tonneliers et aux selliers. Elle émet le vœu que les détenus travaillent uniquement aux fournitures militaires et ne puissent livrer aux particuliers.

Il est de fait que l'artisan, abandonné à ses propres moyens, ne peut lutter contre la concurrence des prisons. Est-il juste de le laisser sans défense dans ce combat inégal? Les prisonniers se voient imposer leur minime salaire, qui ne répond à aucune règle économique, telle que l'offre et la demande; pour eux, la question d'entretien joue un rôle secondaire, puisqu'ils jouissent, bien à contre cœur, il est vrai, de l'hospitalité de l'État; enfin, l'administration pénitentiaire est exempte de redevances du chef du travail de ses pensionnaires.

L'artisan, au contraire, doit subvenir seul à ses propres besoins et à ceux de sa famille; les impôts pèsent lourdement sur lui, aussi, ne peut-il travailler en dessous d'un certain taux.

Les Chambres ont, d'ailleurs, reconnu la nécessité de protéger l'artisan par tous les moyens dont elles disposent. D'autre part, elles ne nient nullement l'utilité du travail dans les prisons; elles le déclarent même indispensable. Comment donc concilier des intérêts aussi opposés? Ainsi que le témoignent les rapports des Handwerkskammern, on envisagea d'abord, comme mesures défensives, l'imposition des entreprises pénitentiaires au même titre que le travailleur individuel et la défense d'enseigner méthodiquement, aux détenus, tout un métier. On résolut également d'insister auprès des autorités pour qu'elles fixent, pour chaque article, un salaire minimum plus en rapport avec les services rendus par les prisonniers.

Le moyen recommandé par la Chambre de Breslau: «limiter l'activité des détenus aux fournitures de l'armée» est, à notre avis, peu efficace. Ainsi qu'on le verra dans la suite de ce travail, les ateliers militaires sont, pour l'artisan, une source de plaintes bien plus générales encore que les ateliers de prisons. L'homme de métier voudrait participer plus largement aux fournitures du service d'habillement, principalement; or, forcément, son champ d'action devrait se réduire considérablement si l'intendance militaire recourait, en premier lieu, aux services des détenus de l'Empire.

La Handwerkskammer de Munich conseillait de faire coopérer les prisonniers au bien-être général, en les utilisant à des travaux d'assainissement, de desséchement de marécages, de régularisation de cours d'eaux, etc. L'État, disait-elle, pourra enfin exécuter, à bon compte, divers ouvrages d'utilité générale qu'il ne peut entreprendre dans les conditions actuelles, à cause des frais trop élevés qui en résulteraient.

D'autres propositions tendaient à faire occuper les détenus aux travaux agricoles, aux travaux de carrière, sinon, à borner leur activité à la confection, purement manuelle, de produits demi-fabriqués.

Bien que nombre de pétitions des Chambres des métiers soient restées sans résultat apparent, bien que, très souvent, les autorités, auxquelles ces pétitions s'adressaient, n'y aient pas même répondu, certaines démarches ont été couronnées de succès. Les Handwerkskammern ont surtout le mérite d'avoir approfondi la question et, à défaut d'action directe qui surpasserait leur compétence, d'avoir attiré, forcé en quelque sorte, l'attention des autorités sur cette matière.

Suivant une déclaration, faite en 1903 au Reichstag par le conseiller de gouvernement Krohne, le nombre des détenus qui, en Prusse, travaillent en prison pour des entrepreneurs, serait en décroissance.

En 1869, 73 % des prisonniers étaient occupés par ces entrepreneurs.

En 1895, la proportion descend à 52 % et en 1901, elle arrive à 37 %.

Il est fort probable que, depuis lors, ce mouvement de décroissance n'aura fait que s'accentuer. De 1869 à 1895, c'est-à-dire pendant 26 ans, la diminution a donc été de 21 %, tandis qu'en 6 ans (dont 3 années d'existence des Chambres des métiers), la réduction atteint déjà 15 %.

Il y a donc incontestablement une amélioration rapide.

Il n'existe toutefois pas de preuves réelles démontrant que cette amélioration soit due plutôt à l'activité des Handwerkskammern qu'à l'initiative spontanée des autorités.

2) *Lutte contre la concurrence des ateliers militaires et des régies publiques.*

Les artisans se plaignent souvent de la concurrence que leur font, d'une façon plus ou moins directe, les ateliers militaires et, parfois même, certains artisans qui, sans payer patente, continuent à exercer leur métier sous les drapeaux. Quelques exemples:

La Handwerkskammer de Munich, peu après sa fondation, formula, au nom des charrons de son ressort, une réclamation contre les ateliers d'artillerie bavarois. Ceux-ci avaient organisé une section s'occupant exclusivement de charronnage et exécutant tous les travaux de ce métier.

Un reproche mieux fondé est adressé à la compagnie du génie d'Ingolstadt. Les soldats, d'après la même Handwerkskammer, empiétant sur le métier de menuisier, faisaient des ameublements complets, destinés à des sous-officiers et même à des officiers.

Les cordonniers, les coiffeurs et les tailleurs de Munich se plaignent également de la concurrence que leur occasionnent les soldats de même profession.

La Chambre de la H^{te} Franconie (Oberfranken), siégeant à Bayreuth, mentionne, dans son rapport de 1903, que les coiffeurs de son ressort protestent contre le tarif introduit par la concurrence militaire. Ces prix ne leur laissent, affirment-ils, aucun bénéfice. Les tailleurs, les boulangers et les pâtissiers se trouvent dans une situation aussi désavantageuse, due à des causes analogues.

La Chambre de Breslau cite, en 1902, le cas d'un tailleur militaire dont la clientèle est en partie civile et qui, travaillant à la caserne, y occupe 3 compagnons et n'appartient à aucune corporation.

La même Chambre affirme que, dans une caserne de son district, on apprend le métier de coiffeur à des soldats d'autres professions. Elle donne ensuite un exemple typique, avec chiffres à l'appui, au sujet des maréchaux ferrants de la garnison. Ceux-ci se font payer 2 marks, hiver comme été, pour ferrer un cheval, tandis qu'à Berlin, à l'école militaire de maréchalerie, les prix sont de 4 marks pour un ferrage ordinaire et 3 marks pour un ferrage à glace.

La Handwerkskammer de Dusseldorf s'adressa au colonel d'un régiment de la garnison pour en obtenir la répression de multiples faits de ce genre. Les forgerons de ce régiment se chargeaient des réparations et faisaient même le commerce de vélos. Cette démarche aboutit et satisfaction fut donnée à la Chambre des métiers.

Dans la suite, sur l'incitation des patrons boulangers, elle sollicita et obtint une surveillance plus sévère des fournitures de la boulangerie militaire pour éviter que, d'une façon plus ou moins détournée, les pains destinés uniquement aux soldats fussent en partie livrés au public.

La Handwerkskammer de Stettin et celle de Bromberg signalèrent, à deux reprises, en 1901 et en 1902, aux autorités militaires, la concurrence de certains tailleurs de l'armée qui ne se bornaient pas aux confections militaires. L'État-major compétent répondit chaque fois par une brève fin de non-recevoir.

A Strasbourg, la Chambre des métiers de cette ville fit également, sans grand succès, des démarches analogues auprès des 14e, 15e et 16e corps d'armée.

Ces plaintes se firent aussi jour dans les congrès des Handwerkskammern de l'Empire.

Au 2e congrès, tenu en septembre 1901, à Darmstadt, on décida de laisser, à chaque Chambre, le soin de prendre des mesures appropriées à chaque cas spécial. Une action commune n'était pas recommandable, vu la diversité des réclamations, parfois très intransigeantes, des artisans et la nécessité de recourir aux autorités les plus diverses.

Au 4e congrès, à Munich, en septembre 1903, la Chambre de Schwerin fit adopter la motion suivante:

«Le 4e congrès des Handwerkskammern allemandes, siégeant à Munich, remercie les autorités des mesures déjà prises au sujet du travail des artisans se trouvant sous les drapeaux. Il espère que, au nom de l'équité et dans l'intérêt de l'armée comme du métier, l'administration compétente confiera désormais les fournitures militaires aux corporations.»

Cette méthode est pratiquée partiellement en Autriche.

Par «mesures déjà prises» la Chambre de Schwerin entend probablement l'admission récente d'artisans civils dans les ateliers d'habillements militaires.

En réalité, là semblent devoir se borner les concessions des autorités militaires. S'il paraît, en effet, logique d'interdire le travail de soldats-artisans pour le public en général, il n'est pas moins raisonnable de l'approuver lorsqu'il s'agit des besoins de l'armée, c'est-à-dire d'un organisme de l'État dont les frais incombent à tous les contribuables. Les revendications des Chambres de métier, justes lorsqu'elles visent la concurrence au point de vue privé, sont exagérées lorsqu'elles exigent la suppression complète des ateliers militaires. Comme les Chambres des métiers ne possèdent qu'un droit de représentation, de pétition, il y a, dans leurs pouvoirs restreints, une garantie suffisante contre leurs prétentions outrées.

La mise en régie de certaines entreprises a également donné lieu à des plaintes de la part des Handwerkskammern. Ces récriminations sont souvent trop indécises pour donner la conviction de leur fondement réel. A part quelques cas précis, où il y a indiscutablement abus, les artisans s'élèvent contre les régies par intérêt personnel, en opposition à l'intérêt général.

La régie est un droit incontestable des pouvoirs publics quand, dans un but d'intérêt général, ils visent à se créer des ressources ou à diminuer leurs propres charges, sans empiéter directement sur l'activité privée des métiers.

L'exemple suivant, emprunté au rapport de la Chambre de Munich, est un des rares cas réellement abusifs:

Une école de vétérinaires de l'État installe une forge, y occupe 6 ouvriers et 20 apprentis, puis joue un rôle nettement mercantile, au lieu de se borner à faire face aux besoins de l'établissement. Cette institution, vivant des ressources budgétaires du pays, fait aux artisans une vile concurrence par une réduction anormale des prix. La forge en question travaillait à un taux inférieur de 15 à 20 % au tarif minimum établi de commun accord par les maréchaux ferrants de la contrée. Or, ce dernier tarif indiquait les prix les plus réduits auxquels le travail était encore quelque peu rémunérateur.

Les réclamations des Chambres des métiers contre des entreprises de ce dernier genre semblent fondées, mais de tels abus sont des exceptions. La campagne des artisans contre les régies administratives a d'autres visées. Elle voudrait en arriver à la suppression complète des travaux faits à propre compte par les divers organismes publics.

Au 4e congrès des Handwerkskammern de l'Empire, à Munich, en 1903, la Chambre de Coblence proposait d'agir auprès de l'administration des Postes pour que les travaux de métier, exécutés en régie, reçoivent le moins d'extension possible. Suivant cette Chambre, seule, la coopération privée des artisans offrirait des garanties sérieuses de bonne exécution et de prix raisonnables.

Au même congrès, la Chambre de Cassel préconise une action commune de toutes les Chambres des métiers contre la concurrence des entreprises administratives.

Le rapport de 1905 de la Chambre (Gewerbekammer) de Brême mentionne que la fédération allemande des corporations du bâtiment s'est adressée à toutes les autorités centrales et locales pour protester contre les entreprises des régies publiques.

Cette tendance n'est pas la conséquence d'un empiétement des autorités sur les droits des artisans quant à la clientèle privée. Ainsi que je viens de le dire, les abus de ce genre sont très peu fréquents. Il s'agit donc bien du désir d'interdire tout travail en régie, même limité strictement aux besoins de l'administration qui l'entreprend. Reste à savoir si une telle interdiction serait équitable. Les entreprises municipales et autres, sous la réserve qu'elles soient dirigées conformément à certaines règles rationnelles, sont d'intérêt général; toute mesure pour les enrayer semble arbitraire.

D'aucuns, envisageant le côté d'intérêt public, pensent que, souvent, l'administration s'en tirerait à meilleur compte en recourant aux services des artisans de la localité.

Tout rouage administratif, disent-ils, se distingue par sa lenteur. De plus, le souci de l'économie des matières premières et autres, avivé par la nécessité du gagne-pain chez les artisans indépendants, n'agit pas au même degré sur les employés d'un service public dont le salaire est fixe et certain. La concurrence n'est pas là non plus pour lutter contre la routine et la dissipation du temps et des matériaux.

Rien n'empêche, d'ailleurs, les administrations de s'assurer des prix spéciaux par une entente préalable avec les intéressés. Enfin, les pouvoirs publics, en contribuant directement au bien-être matériel des artisans, se créeraient, par le fait même, des ressources plus élevées. Ils jouiraient d'une sorte de prime en retour par l'accroissement des impôts, conséquence d'une fortune publique plus considérable.

La plupart de ces arguments sont spécieux. Il ne rentre pas dans le cadre de cette étude d'en démontrer le peu de fondement. Je les ai cités uniquement parce qu'ils résument les lieux communs dont les artisans se servent en faveur de leur campagne contre les régies publiques. Qu'il suffise de faire remarquer:

1° que les entreprises privées ne sont pas exemptes de ces dangers;

2° qu'une direction intelligente et une surveillance bien organisée et, s'il le faut, certaines mesures sévères viennent aisément à bout d'un gaspillage de temps et de matières tout en écartant la routine.

L'exagération des exigences des Chambres des métiers est donc la cause la plus plausible de l'insuccès de leurs démarches en cette matière.

3) *Lutte contre les grandes entreprises commerciales de détail et les coopératives de consommation.*

Contre le grand commerce de détail. — La prospérité toujours grandissante des grandes entreprises commerciales a soulevé, parmi les artisans, des réclamations sans fin, parfois justifiées, mais trop souvent partiales. La plupart des Chambres des métiers, au nom de leurs administrés, mènent, encore à présent, une campagne active contre les grands magasins (Warenhäuser), les maisons à succursales et les bazars, ainsi que contre les coopératives et sociétés de consommation (Konsum-, Beamtenvereine).

Une des premières, la Chambre du Mecklembourg, siégeant à Schwerin, a fait un réquisitoire contre les grands magasins et les maisons à succursales, s'attachant à en relever les abus. Il ne s'agit, en général, que de faits isolés, non de ce qu'on pourrait appeler une tare fondamentale et générale.

La Chambre de Munich, dans le même ordre d'idées, n'apporte pas d'arguments convaincants contre le principe même de telles entreprises. Elle cite, par exemple, le cas des boulangers de la ville qui doivent payer un droit sur la farine, tandis que les succursales, recevant le pain tout fabriqué du dehors, échappent à cette taxe. Il y a, semble-t-il, simple imperfection ou lacune du règlement municipal établissant la taxe en question et la Chambre des métiers a pleinement raison d'attirer l'attention des autorités sur ce point. Mais il serait imprudent, ainsi que la tendance se fait parfois jour, d'en déduire que les grands magasins sont, au point de vue économique, un danger pour le public en général ou une iniquité pour ceux qui ont à souffrir de leur concurrence.

L'exemple suivant, également tiré du rapport de la Chambre de Munich, n'est pas plus probant. Les ceinturiers se plaignent de la concurrence que leur fait, dans tout le pays, une grande maison de fournitures militaires qui parvient à avoir connaissance, quelques jours avant la publication officielle, des nominations d'officiers et autres fonctionnaires uniformés. Elle s'adresse alors, et presque toujours avec succès, aux nouveaux promus pour leur fournir l'équipement complet qu'ils doivent porter désormais.

Un des principaux reproches que l'on adresse aux grands magasins est le soi disant «Lockartikel», article de réclame qui doit, par ses avantages apparents et souvent réels, servir d'appât, attirer la clientèle et l'amener à acheter d'autres produits dont le prix serait trop élevé et dont la qualité laisserait à désirer. Ce procédé de l'article-réclame, qui, d'ailleurs, n'est pas uniquement pratiqué par les grandes entreprises de détail, n'a rien de répréhensible, tant qu'il n'y a pas tromperie; s'il devient abusif, il tombe sous l'application des lois, qui lui assigneront bientôt des limites licites.

Quant au restant du reproche précédent, c'est une supposition gratuite qui, même vraie, aurait son correctif dans le jugement personnel des acheteurs, dont la préférence est liée étroitement à leur intérêt toujours en éveil.

Il y a antagonisme profond entre le grand commerce de détail et le métier. Les abus à reprocher à certains grands magasins ne servent aux Handwerkskammern que d'étiquettes pour réclamer, avec une apparence d'équité, l'aide de l'État en faveur des artisans. Il s'agit, en réalité, moins d'une répression de ces abus que d'une lutte purement économique.

Certaines motions, à plusieurs congrès, découvrent ouvertement le but poursuivi.

Au 3e congrès des Chambres de Westphalie, en juin 1903, à Arnsberg, le vœu suivant fut adopté: «Les grands magasins doivent être doublement imposés. Ils ont, il est vrai, recours à des artisans pour la confection de certains de leurs produits, mais payent des salaires trop réduits.»

Dans son rapport de 1903, la Chambre d'Arnsberg s'élève contre la concurrence des grands magasins et des bazars. Les familles d'artisans, dit-elle, ont le devoir de ne jamais acheter dans de semblables maisons.

Cette tendance se retrouve dans presque tous les rapports des diverses Chambres de l'Empire. Plusieurs d'entre elles s'adressèrent aux autorités compétentes, les invitant à modifier la base des impôts, en aggravant les charges des Warenhäuser. Je n'ai pu apprécier l'influence directe de telles démarches, mais il est un fait certain que la plupart des États allemands ont établi une taxe spéciale grevant ce genre d'établissement en raison de l'importance du chiffre d'affaires. D'ailleurs, d'une efficacité passagère, comme la plupart des mesures protectrices, ces impôts spéciaux n'auront eu probablement d'autres effets que d'accroître la vitalité des entreprises que l'on voulait combattre. Le grand magasin gagne sur la quantité et, pour récupérer les frais supplémentaires résultant de ces nouvelles taxes, il abaisse souvent plus encore le prix de certains articles, une vente plus considérable compensant largement ces concessions et obviant aux conséquences vexatoires des mesures légales. La concurrence n'en est que plus forte et les grands établissements, ainsi que chacun peut facilement s'en convaincre, continuent à prospérer.

Contre les coopératives de consommation et autres sociétés à but analogue. — La campagne menée contre les coopératives et autres sociétés de consommation est encore plus vive que celle dirigée contre les «Warenhäuser». Les exigences des artisans, en cette matière, sont trop intransigeantes.

Dans son rapport de 1901, la Chambre d'Arnsberg se plaint de la concurrence faite aux métiers par les associations pour l'achat de marchandises à bon compte. Elle s'en prend même aux fabricants qui se procurent les produits en gros dans le but louable de les céder, sans bénéfice aucun, à leurs ouvriers.

Les boulangers, s'exprime le même rapport, protestent parce que les associations de consommation s'adressent exclusivement au grand commerce, aux «fabriques» de pains. Il ne resterait aux boulangers que la mauvaise clientèle, celle qui paye irrégulièrement à la quinzaine ou au mois. De telles sociétés devraient être soumises à de lourdes contributions. C'est, du moins, l'avis de cette Chambre.

La lutte prend bientôt un caractère plus personnel. Les attaques des artisans visent alors plus spécialement les sociétés de fonctionnaires de l'État ou des villes, dont les membres s'entendent pour acheter, à des prix de faveur, certains articles d'un usage courant.

En juin 1903, au Congrès des Chambres westphaliennes à Arnsberg, on parla de la nécessité de mener une campagne plus active encore contre les «Konsumvereine». Ces sociétés ne vendant qu'au comptant, les personnes qui en font partie n'ont recours aux artisans que pour acheter à crédit, lorsque l'argent leur fait défaut. L'État, disait-on, devrait payer suffisamment ses employés pour pouvoir leur défendre de participer à de telles associations.

La Chambre d'Oppeln proposa, au 4e congrès allemand, à Munich, en 1903, que les autorités ne permettent de semblables groupements que là où le besoin s'en ferait réellement sentir. Enfin au 5e congrès, en septembre 1904, à Lubeck, la Chambre de

Sarrebruck conseilla de modifier la loi du 31 mars 1873 de façon qu'il soit défendu, aux employés des services publics, de prendre part à la fondation ou à l'administration de toute coopérative de consommation qui porterait préjudice aux intérêts de certaines classes de producteurs.

Les artisans ont des prétentions excessives. Certes, ils ont, peut-être plus que d'autres, à souffrir de la nouvelle organisation du commerce et de l'industrie, mais, il faut le dire, l'intérêt général doit primer celui de certaines classes, si intéressantes qu'elles soient.

Le grand magasin paraît bien être un type supérieur d'organisation économique et les associations de consommation répondent à un besoin réel, vu les conditions de vie actuelles de la grande majorité de la population. Que l'homme de métier lutte par les moyens ordinaires, améliore ses méthodes de production, ses procédés de fabrication, fonde des coopératives d'achat de matières premières, etc., c'est parfait. Mais il faut s'élever contre la tendance consistant à accabler d'impôts supplémentaires les entreprises concurrentes du métier, dans le but de les faire disparaître. Toute mesure vexatoire de ce genre, de même qu'une immixtion de l'autorité dans les droits économiques de certaines classes en faveur des petits producteurs, sont des actes arbitraires et contraires au bien-être général d'un pays.

Aussi, comme je l'ai mentionné, si les Chambres ont obtenu une satisfaction partielle, en réalité illusoire, par une imposition plus forte des «Warenhäuser», le succès de leurs démarches semble devoir s'arrêter là.

Liquidations fictives. — La motion suivante, faite par la Chambre d'Augsbourg, au 4e congrès allemand à Munich, en septembre 1903, est plus digne d'intérêt. Elle visait à combattre les abus, provenant des ventes faites sous l'étiquette «liquidation générale», soi-disant pour cause de cessation de commerce ou pour d'autres motifs de ce genre, qui, parfois, ne sont que simples attrape-nigauds.

Elle proposait de compléter la loi de l'Empire du 27 mai 1896 par certains articles dont les principaux s'énonçaient:

1° Une liquidation, générale ou partielle, ne peut être annoncée que si la maison paye des impôts depuis au moins un an dans la même localité et s'il s'agit d'une cessation totale du commerce ou de l'abandon définitif d'une ou de plusieurs catégories de marchandises.

2° Il est défendu d'accroître le stock en liquidation par des marchandises achetées après coup.

3° Les autorités locales fixeront, pour chaque liquidation, une durée appropriée. Ce délai sera observé, sauf dans certains cas où une prolongation pourrait être autorisée.

Ce dernier article paraît excessif, mais les autres seraient aptes à sauvegarder la bonne foi du public. La proposition de la Chambre d'Augsbourg, admise à l'unanimité et transmise, au nom du Congrès, au Conseil fédéral de l'Empire, n'a pas encore eu de résultats positifs.

4) *Réglementation des adjudications publiques.*

La question des adjudications publiques a, de tout temps, donné lieu à de longues discussions. Qu'il s'agisse de travaux ou de fournitures, l'arrangement de gré à gré et le marché par soumissions c'est-à-dire avec publicité et concurrence, ont chacun leurs avantages et leurs désavantages. L'examen du pour et du contre de cette question sort du cadre de cette étude. Quoi qu'il en soit, le système de marchés par adjudications est à peu près généralement usité. Les Handwerkskammern se trouvent donc en présence d'un fait accompli et ont surtout à rechercher les moyens de concilier cette méthode avec les intérêts des artisans.

Dans ce but, elles se sont élevées contre le système des adjudications générales, c'est-à-dire de la concession, à une seule personne, de tous les travaux, les plus divers, d'une même entreprise. Il est vrai que la conséquence d'un tel procédé n'est nullement l'exclusion des services des artisans. Ceux-ci sont alors chargés, en seconde main, des travaux de leur métier, soit par de sous-adjudications, soit de gré à gré. Toutefois, dans ce cas, le choix dépend uniquement de l'entrepreneur général qui, trop souvent, par pur esprit de lucre, imposera des conditions de famine et ne se laissera guider que très imparfaitement par l'intérêt de son commettant.

Selon la coutume, l'entrepreneur général paye les sous-adjudicataires comme il est lui-même payé, c'est-à-dire par acomptes. Le dernier versement, le plus important de beaucoup, n'a lieu qu'après exécution complète de l'ouvrage. Il en résulte que l'artisan se voit réduit à travailler à crédit et en arrive parfois à la faillite avant l'achèvement des travaux qu'il a entrepris.

Les administrations publiques ont le devoir d'agir humainement. Elles le peuvent, sans risquer d'affaiblir leur situation financière. Elles n'oseraient imposer à l'artisan une rémunération insuffisante, comme le fait le gros entrepreneur. Elles pourraient accorder au petit soumissionnaire des conditions plus larges qui lui permettraient d'éviter la faillite.

L'artisan doit donc être admis à soumissionner directement. Cette méthode offrirait, en outre, plus de garanties quant à l'exécution convenable des travaux et quant à la bonne qualité des matériaux employés. Enfin (et ceci est une simple affirmation des partisans des adjudications directes), la dépense totale ainsi occasionnée ne dépasserait probablement pas la somme à payer à un adjudicataire unique. La seule différence serait que le gain, parfois exagéré, d'un seul se répartirait plus équitablement entre les divers fournisseurs.

Tels sont les principaux arguments des Chambres des métiers en faveur d'une réorganisation du système des adjudications publiques.

Ces arguments sont défendables s'ils ne sont pas toujours transcendants, mais certaines Handwerkskammern leur ont donné une conclusion trop radicale. Au 3e congrès des Chambres westphaliennes, en 1903, à Arnsberg, le président de la Chambre de Dortmund s'exprimait comme suit: «Les pouvoirs publics devraient confier leurs travaux aux corporations ou Innungen. Ces dernières auraient alors pleine liberté de les répartir entre leurs membres.» Il n'est pas besoin de s'étendre sur le caractère trop exclusif de cette mesure.

En général, les prétentions des artisans sont plus modérées. Les Chambres ont d'ailleurs reconnu qu'il existe un grand danger pour l'artisan, qu'il soumissionne directement ou en seconde main auprès des administrations publiques. Par incapacité, ignorance ou négligence, il en arrive à des calculs erronés dans ses devis. Le désir de l'emporter le pousse à fixer des prix inférieurs à ceux des adjudications précédentes. S'il devient adjudicataire, il s'expose à devoir travailler à perte; il consomme sa propre ruine.

Il y a souvent de telles différences entre les estimations maximum et minimum, qu'on ne peut voir, dans un désaccord aussi criant, qu'une confirmation de l'assertion précédente. Comment expliquer, autrement que par une fausse évaluation, des écarts tels qu'en donnait, par exemple, il n'y a pas si longtemps, une adjudication pour travaux de stuc au palais de justice de Bamberg: la soumission la plus élevée se montait à 56 760 marks, la moins élevée à 10 948 marks. Pour une fourniture de pierres de taille à l'hôtel des postes de Mannheim, un soumissionnaire exigeait 6 900 marks, un autre 19 000 marks.

Les Handwerkskammern ont fait œuvre utile en mettant les intéressés en garde contre des erreurs de calculs. Il ne semble pas toutefois que les conseils, parfois trop nombreux pour être pratiques, qu'elles ont multipliés dans cette intention puissent considérablement atténuer le danger. Il s'agit d'une éducation à faire; des cours spéciaux, donnés, par exemple, sous les auspices et sur l'initiative des Chambres, seraient plus propres à enrayer ce mal que de simples conseils, sous forme de longues circulaires.

La négligence n'est, d'ailleurs, pas la seule cause d'un devis fautif; l'ignorance personnelle et la difficulté, parfois énorme, de l'évaluation jouent aussi un grand rôle. Il arrive que l'homme de métier le plus consciencieux se trompe de beaucoup dans ses estimations.

Le vrai remède consisterait dans le choix non de la soumission la moins élevée mais de celle qui semble répondre le mieux à la réalité. Ce serait le seul moyen ne pas faire encourir des pertes trop considérables à l'adjudicataire et en même temps d'avoir une garantie d'exécution soigneuse.

La plupart des Handwerkskammern, désireuses de venir en aide aux petits soumissionnaires, ont confié à des commissions spéciales le soin d'examiner cette question et de formuler des propositions appropriées.

La commission instituée par la Chambre de Francfort s/Oder a exprimé l'opinion suivante:

«On devrait établir la moyenne du montant des diverses soumissions reçues, puis donner la préférence à celle dont le chiffre se rapproche le plus de cette moyenne, sans la dépasser.»

Si donc on a 6 soumissions de 9000, 10000, 14000, 15000, 17000 et 23000 marks, la moyenne sera de 88000 : 6 soit 14666,66 et le soumissionnaire du devis de 14000 marks sera déclaré adjudicataire.

En théorie, la soumission moyenne est généralement la plus juste. En est-il de même dans la réalité? Des abus intentionnels ne peuvent-ils se produire? Quoi qu'il en soit, la plupart des Handwerkskammern, sans méconnaître l'imperfection relative de cette méthode, semblent cependant la considérer comme la plus favorable aux intérêts du métier et la préconisent comme remède à la situation actuelle.

Le 2e congrès allemand, tenu à Darmstadt, en 1901, chargea également une commission spéciale d'étudier la question d'une nouvelle réglementation des adjudications et de faire des propositions au congrès suivant.

Ces propositions furent soumises aux délégués des Chambres réunis, en septembre 1902, à Leipzig. Elles furent adoptées et transmises aux autorités compétentes. La commission se déclarait pour le système du prix moyen, sous la réserve qu'il ne soit pas tenu compte, pour l'établissement de la moyenne, des soumissions dépassant de 20 % le devis administratif ou lui étant inférieur de 30 %. Cette restriction est certes de nature à éviter beaucoup d'abus. En outre, la caution à exiger de l'entrepreneur ne devrait pas être supérieure à 5 % du montant du devis.

Tous les efforts des Handwerkskammern n'ont pas été dépensés en pure perte.

Déjà en 1902, le ministère prussien des travaux publics publia un projet de réorganisation des adjudications publiques, contenant de notables améliorations aux conditions jusqu'alors en vigueur.

Le gouvernement hessois stipula que, dorénavant, dans certains cas, il entendrait la Chambre intéressée avant de prendre une décision définitive. Pour plus de 20 % de ses adjudications, il a requis l'avis de la Handwerkskammer en lui transmettant, comme base, le devis estimatif calculé par les autorités. Il a, en outre, annoncé que les travaux courants d'entretien seraient désormais remis à prix fermes et à tour de rôle aux artisans.

Au point de vue des adjudications dépendant des villes et autres organismes locaux, une action commune des Chambres n'était pas facilement réalisable, la situation différant pour ainsi dire pour chaque cas. Les Chambres agirent donc isolément, chacune dans son ressort.

La Handwerkskammer de Coblence a, sous ce rapport, fait preuve d'une grande activité. Elle s'est adressée, par circulaire, à toutes les autorités de son ressort, notamment aux bourgmestres, aux commissaires d'arrondissement (sous-préfets), aux autorités militaires et ecclésiastiques, leur demandant de modifier la réglementation de leurs adjudications et faisant des propositions dans ce sens. 7 sous-préfectures et la majorité des autres autorités accueillirent favorablement cette démarche. Seulement, la date à laquelle ces réformes devaient être mises à exécution n'a pas toujours été précisée suffisamment. Certaines administrations, toutefois, promirent d'appliquer, sans plus tarder, les mesures recommandées par la Handwerkskammer.

D'autre part, il arriva maintes fois que les autorités déclarèrent nettement ne pouvoir modifier la méthode existante. Il ne peut donc être question d'un succès absolu des revendications des artisans, mais il faut reconnaître que les Chambres ont exercé une influence indéniable et, à plus d'un point de vue, heureuse en cette matière.

B) Action directe.

1) *Apprentissage.*

Pouvoirs des Chambres. — La loi donne aux Chambres des métiers des droits très étendus dans la réglementation et la surveillance de l'apprentissage.

Les Handwerkskammern ont le pouvoir de régler, à leur guise, tout ce qui n'a pas été l'objet de dispositions spéciales dans la législation. Les prescriptions non abusives des Chambres ont force de loi et sont pourvues des sanctions nécessaires pour assurer leur complète observation. A cet égard, il n'y a pas d'organisme qui, sans faire partie intégrale d'un pouvoir public, ait, au même degré que les Handwerkskammern, des moyens aussi puissants d'intervenir dans la vie économique de certaines classes comme de certains individus.

Il serait impossible de mentionner en détail toutes les mesures prises par les 71 Chambres de l'Empire pour réglementer l'apprentissage des métiers. Il me suffira, d'ailleurs, pour en donner une idée précise, de passer en revue les principaux points faisant, à peu près généralement, l'objet de ces mesures et d'indiquer les tendances les plus répandues en cette matière.

Enseignement pratique. — Toute Chambre peut déterminer les connaissances que les apprentis doivent être mis à même d'acquérir au cours de leur apprentissage. Elle aurait également le droit de définir la manière dont le patron doit enseigner son métier; mais, dans la pratique, la réglementation n'est pas poussée si loin. Le caractère essentiellement variable des ateliers d'artisans s'oppose, d'ailleurs, à des prescriptions aussi détaillées. Cependant, il est des ateliers dont l'activité se borne toujours à un nombre restreint de travaux peu variés. Les futurs artisans doivent y apprendre quand même tout le métier et y acquérir l'habileté voulue dans tous les travaux qui en ressortissent. A cette fin, les Chambres des métiers ont prescrit que l'apprentissage ne pourra jamais être partiel. Il y a donc obligation, pour le maître, de donner à ses apprentis un enseignement pratique sans lacune.

Enseignement théorique. — Une autre prescription, commune à plusieurs Chambres, est celle qui oblige les apprentis-artisans à suivre les cours des écoles spéciales de perfectionnement (gewerbliche Fortbildungsschulen) ou des écoles professionnelles (Fachschulen), pendant toute la durée de leur apprentissage.

L'article 120 de la législation industrielle détermine que chaque administration communale a le droit d'imposer la fréquentation de ses écoles de perfectionnement à tout travailleur quelconque, âgé de moins de 18 ans.

Ces écoles de perfectionnement correspondent à peu près aux écoles d'adultes; les élèves se font d'habitude inscrire après avoir terminé leurs études primaires.

Cet article 120 ne convient pas pour tous ceux qui s'adonnent à un métier. Les artisans ont souvent leurs écoles spéciales de perfectionnement ou leurs écoles professionnelles, toutes deux d'un programme plus spécialisé que les écoles ordinaires de perfectionnement (allgemeine Fortbildungsschulen). Ces écoles spéciales sont créées pour les apprentis-artisans. Or, en vertu de l'article ci-dessus, l'obligation de suivre les cours n'existerait plus pour les apprentis âgés de plus de 18 ans, tandis qu'elle continuerait à subsister pour ceux qui auraient achevé leur apprentissage avant cet âge.

De là, la nécessité, pour les Chambres des métiers, de modifier cet article de façon que la fréquentation des écoles spéciales soit obligatoire pour tous les apprentis-artisans.

Admission à l'apprentissage. — Plusieurs Chambres ont fait dépendre l'admission à l'apprentissage de certaines garanties d'instruction et de validité corporelle et intellectuelle. Le comité présidentiel (la commission administrative) de la Chambre juge, dans ce cas, de l'existence ou de l'absence des conditions requises et les maîtres-artisans doivent se soumettre à sa décision, dont l'exécution est assurée, s'il le faut, par la police locale.

Titre de compagnon. — La législation n'impose pas l'examen de compagnon (Gesellenprüfung) comme fin indispensable de l'apprentissage. Il y a, néanmoins, dans les milieux-artisans, un fort courant pour rendre cette épreuve obligatoire. En 1903, sur la proposition de la Chambre d'Oppeln, le 4e congrès allemand, siégeant à Munich, adressa, dans ce sens, une pétition au Reichstag et au Bundesrat (conseil fédéral). Comme sanction de cet examen, les Chambres voudraient que ceux qui s'arrogent indûment le titre de compagnon soient passibles d'une amende.

Bien que cette pétition n'ait pas encore eu d'effets directs, le § 131c de la législation industrielle oblige le maître à engager vivement ses apprentis à subir l'épreuve du compagnonnage. La non-observation de cet article entraîne, pour le patron négligent, une amende pouvant s'élever jusqu'à 150 marks ou 4 semaines d'emprisonnement.

Contrats d'apprentissage. — Souvent, les Chambres ont déterminé la forme et le contenu des contrats d'apprentissage. Les intéressés doivent alors tenir compte de ces prescriptions. Il est aussi de règle que ces engagements soient dressés en 3 exemplaires, dont 2 pour les deux parties contractantes et un pour la Handwerkskammer.

Rôle ou liste des apprentis. — Après approbation des termes du contrat, la Chambre inscrit le nom du nouvel apprenti dans un registre ad hoc, »Lehrlingsrolle» ou liste détaillée des apprentis. Cette liste est considérée comme un excellent moyen d'assurer le contrôle efficace de la Handwerkskammer sur les apprentis soumis à sa juridiction. Dans le Grand-Duché de Wurtemberg, ce registre a été rendu obligatoire par un arrêté du ministre de l'intérieur.

La question du logement des apprentis, de leur nourriture, etc., n'a généralement pas donné lieu à une réglementation détaillée. Outre que la chose n'était guère possible, elle n'était ni recommandable ni nécessaire. Les prescriptions s'y rapportant se bornent à des indications vagues mais suffisantes pour prévenir les abus ou permettre de les réprimer. Les Chambres agissent à cet effet par la voie d'agents-inspecteurs (Beauftragten ou mandataires) dont nous reparlerons dans la suite. Elles tranchent les cas particuliers que ces mandataires lui soumettent. Ceux-ci ont pour mission spéciale d'inspecter les divers locaux mis à la disposition des apprentis et de s'assurer, par la même occasion, que l'apprentissage suit son cours régulier.

Fixation du nombre d'apprentis. — Les Chambres doivent procéder avec grande prudence à la limitation du nombre d'apprentis que peut occuper un maître. Des mesures trop radicales porteraient un coup très sensible à maints petits ateliers, qui ne pourraient plus faire face à la concurrence s'ils devaient employer moins d'apprentis et, partant, plus de compagnons. D'autre part, il est de toute nécessité d'enrayer ce que les Allemands appellent la «Lehrlingszüchterei», c'est-à-dire l'emploi abusif d'un nombre exagéré d'apprentis dans un but purement mercantile et abstraction faite de toute préoccupation de perfectionnement professionnel.

Plusieurs Chambres n'ont pas pris de dispositions à ce sujet. D'autres ont fait dépendre le nombre d'apprentis du nombre de compagnons. Souvent, elles donnent, par exemple, au maître travaillant seul le droit d'avoir deux apprentis. S'il a sous ses ordres deux compagnons, il pourra engager un apprenti en plus, soit trois en tout; s'il occupe cinq compagnons, quatre jeunes gens pourront être en apprentissage chez lui, et ainsi de suite. Ces Chambres des métiers estiment probablement que le patron ne peut sérieusement mettre au courant plus de deux apprentis en moyenne. Si les mesures prises en cette matière reposent sur une telle supposition, elles me semblent insuffisantes. Bien qu'aucune Chambre n'ait été plus explicite, je pense qu'elles devraient exiger, en outre, que, dans le cas où l'atelier comprend plus de deux apprentis, un compagnon déterminé (un pour deux apprentis au plus) ait à charge l'éducation pratique des jeunes gens dont l'apprentissage n'est pas confié directement au maître.

Les compagnons en question devraient naturellement être eux-mêmes dans les conditions requises par la loi pour occuper des apprentis.

Il serait très utile de préciser, dans ce sens, les prescriptions des Chambres relatives à la limitation du nombre d'apprentis. Le nombre d'apprentis croissant avec l'importance de l'atelier, plus le patron aura de jeunes gens à son service, plus il sera tenté, parfois même obligé, de négliger leur instruction professionnelle. La surveillance générale de sa maison, les relations avec une clientèle assez considérable ne lui permettront pas, en dépit de la meilleure volonté possible, de consacrer aux apprentis le temps indispensable à leur perfectionnement pratique.

Pour gouverne, voici à quelles conditions la législation industrielle allemande, § 129, soumet le droit, pour les artisans, d'avoir des apprentis:

1° être en possession des droits civils;

2° être âgé d'au moins 24 ans;

3° justifier d'un ensemble de connaissances pratiques dans le métier que l'on exerce, c'est-à-dire, avoir subi, dans ce métier, l'apprentissage prescrit par la Chambre du district. Si la Chambre n'a pas émis de prescriptions à ce sujet, l'apprentissage du patron devra avoir duré au moins trois ans et s'être terminé avec succès par l'examen de compagnon. Le bénéfice de la loi est également accordé à ceux qui ont pratiqué leur métier pendant au moins 5 années consécutives à titre indépendant ou comme chef d'atelier.

Il est un autre point important que la presque généralité des Chambres n'ont pas envisagé. C'est l'impossibilité quasi matérielle, pour un patron, de mettre au courant simultanément plusieurs apprentis, car, pour porter des fruits, l'enseignement pratique doit être individuel. Il faudrait prescrire que les apprentis ne pourront désormais être engagés qu'à des intervalles de temps déterminés, ce qui entraînerait des degrés différents d'instruction et nécessiterait un enseignement individuel.

La décision suivante, prise tout récemment (fin 1905) par la Chambre des métiers de Dusseldorf, est d'autant plus intéressante qu'elle a rencontré l'approbation absolue du ministère prussien du commerce et de l'industrie. Elle a donc à présent force de loi dans le district de cette Chambre:

Tout artisan ne peut avoir plus de deux apprentis s'il travaille sans compagnon. Dans ce cas, certains artisans, par exemple les horlogers, les opticiens, les bijoutiers, les graveurs, les couvreurs, les coiffeurs, ne peuvent même avoir qu'un seul apprenti.

Pour tout apprenti supplémentaire, le patron doit occuper au moins deux compagnons, à titre non provisoire. La moitié de ces compagnons doit être dans les conditions requises (v. plus haut) pour avoir des apprentis, en qualité de patron.

Lorsque plusieurs apprentis sont engagés par le même patron, l'intervalle entre les dates respectives de leur admission sera d'au moins un an.

La Chambre peut, dans des cas exceptionnels, donner dispense de l'une de ces conditions.

Durée de l'apprentissage. — Le § 103[a] de la législation industrielle fixe la durée habituelle de l'apprentissage à 3 ans.

Comme la loi se contente, en outre, d'assigner à l'apprentissage un maximum de quatre ans sans indiquer de minimum, tout apprentissage inférieur à 3 ans ne sera valable que pour autant que la Chambre n'ait pas encore émis de prescriptions précises à ce sujet.

Tout artisan dont la durée de l'apprentissage ne sera pas conforme aux décisions de la Chambre compétente ou, à défaut, aux dispositions légales, n'a le droit d'occuper lui-même des apprentis qu'après avoir exercé son métier à titre indépendant pendant cinq années consécutives (ce qui ne peut guère avoir lieu qu'après achèvement du service militaire). Les artisans ayant, au contraire, reçu un apprentissage régulier ont ce même droit dès leur 24e année accomplie, après avoir subi avec succès l'examen de compagnon. Cet examen suppose, d'ailleurs, l'existence préalable d'un apprentissage fait dans les conditions exigées par la Chambre et par la loi. Il en résulte que le titre de compagnon et le titre de maître sont directement dépendants d'un apprentissage régulier. La sanction des mesures visant la durée de l'apprentissage consiste donc:

1° dans l'impossibilité, pour l'apprenti irrégulier, de devenir compagnon, puis maître [il peut naturellement s'établir à titre indépendant en qualité de patron, mais non de maître (Meister)];

2° dans la nécessité, pour ce même apprenti, d'un exercice plus prolongé du métier avant d'avoir lui-même le droit d'engager des apprentis.

Les Chambres sont donc autorisées à déterminer la durée de l'apprentissage dans leur district, en tenant compte toutefois du maximum de quatre ans imposé par la loi. Celle-ci défend, en outre, les prescriptions d'ordre général: elle veut que la question soit envisagée à part pour chaque métier.

Les Chambres peuvent, sans outrepasser leurs droits, fixer la durée de l'apprentissage à moins de trois ans pour les métiers qu'elles estiment plus faciles à apprendre. Il ne peut être fait, à ce sujet, de distinction entre villes et campagnes.

Toute Chambre est autorisée par la loi, dans les cas exceptionnels où l'apprenti fait preuve d'aptitudes particulières, à réduire la durée de l'apprentissage stipulée au contrat. Pour éviter des abus, les Chambres ne devraient accorder une telle faveur qu'à la condition expresse que celui qui en est l'objet subisse ensuite, avec succès, l'examen de compagnon. C'est une garantie de capacité, qui semble nécessaire, bien que beaucoup de Chambres ne l'aient pas imposée jusqu'à présent.

Le temps fixé par les diverses Handwerkskammern n'est pas uniforme dans tout l'Empire allemand pour un même métier: toutefois, il y a tendance à l'unification sous ce rapport.

En règle générale, la durée est de trois ans. Pour certains métiers cependant, l'apprentissage est parfois de quatre ans. C'est souvent le cas pour les sculpteurs, les imprimeurs, les ciseleurs et graveurs, les électriciens, les mécaniciens, les bijoutiers, les orfèvres, les lithographes, les opticiens, les serruriers, les fondeurs, les peintres, les bandagistes, etc.

L'obligation, pour les apprentis, de fréquenter les écoles de perfectionnement (Fortbildungsschulen) a donné tout récemment naissance à un mouvement sérieux en faveur d'une prolongation de la durée de l'apprentissage.

Tandis qu'à l'origine, les leçons de ces écoles se faisaient le soir, elles tendent de plus en plus à se tenir pendant le jour, afin d'être plus profitables. L'esprit des jeunes gens est, en effet, moins apte à conserver, moins impressionnable après de longues heures d'un dur travail qu'au courant de la journée. Cette modification de l'horaire des cours entraîne une restriction du temps consacré à la pratique. Pour compenser cette diminution, certaines Chambres estiment qu'un apprentissage plus long est indispensable.

Les délégués des Handwerkskammern des provinces orientales, réunis à Francfort-sur-l'Oder, ont recommandé aux artisans et à leurs corporations de prendre des mesures dans ce sens. Quelques Chambres de l'ouest se sont également prononcées en faveur d'un apprentissage d'une durée plus considérable.

Mandataires ou inspecteurs (Beauftragten). — Les «Beauftragten» doivent s'assurer de la bonne observation des statuts et prescriptions des Chambres. Ils sont presque toujours choisis parmi les maîtres diplômés. Il faut, en effet, des personnes expertes en leur métier, aptes à juger en connaissance de cause, car elles ont surtout à apprécier si l'enseignement donné à l'apprenti est conforme aux règles établies à ce sujet par la Chambre compétente.

Ces mandataires, nommés par la commission administrative, reçoivent de celle-ci une carte de légitimation au moyen de laquelle ils peuvent pénétrer dans les ateliers d'artisans, pendant les heures de travail. Ils ont également le droit de visiter les lieux servant au logement des apprentis.

Les patrons sont obligés de donner libre accès dans leurs locaux aux «Beauftragten» et de leur fournir les renseignements nécessaires à l'accomplissement de leur mission. En cas de refus non justifié, le mandataire peut réquisitionner la police locale. Le refus est justifié si le patron craint que la personnalité de l'inspecteur (à titre de concurrent, par exemple) ne soit contraire à ses intérêts. Il n'a pas toutefois à donner les motifs de son refus.

Pour assurer, dans ce cas, l'observation de leurs prescriptions, la plupart des Handwerkskammern ont décidé que le nom de chaque mandataire serait communiqué au préalable aux intéressés. Si la personne ainsi désignée ne convient pas à ces derniers, ceux-ci ont à en faire part, dans un certain délai, à la commission de la Chambre dont ils dépendent. Ils doivent, en même temps, indiquer quelques personnes aptes et disposées à exercer le rôle de mandataire. La commission administrative fera choix de celle qui lui semble offrir le plus de garanties, pour autant qu'elle estime ces garanties suffisantes. Les frais qui pourraient résulter de cette mission spéciale sont à charge du patron qui en est la cause. Si les négociations entre la commission et le patron ne peuvent arriver à une entente, les autorités interviennent à la demande de la Chambre.

Les «Beauftragten» ont le droit d'exercer le contrôle qui leur est dévolu, partout où leur nomination n'a pas, dès l'abord, soulevé d'objections.

Sanction des mesures de la Chambre. — Toutes les Handwerkskammern de l'Empire ont établi une échelle d'amendes dont peuvent être menacés les contrevenants aux dispositions prises en vertu des pouvoirs que la législation industrielle confère aux Chambres des métiers.

Il s'agit d'une menace, non d'une application directe, car le droit d'infliger l'amende est réservé à l'autorité supérieure, qui juge, par le fait même, de la légalité d'un tel moyen de répression. Les autorités n'agissent que sur la demande de la Chambre compétente.

Les amendes ne peuvent dépasser 20 marks. Si la contravention existe, l'autorité doit obligatoirement appliquer la mesure réclamée par la Chambre, s'il s'agit d'une amende fixe. Lorsque, au contraire, la Chambre a prévu, dans ses statuts, une amende variable en n'en indiquant que le maximum (par exemple: jusque 15 marks, jusque 20 marks), elle fait, pour les différents cas, des propositions précises quant au montant de l'amende. Les autorités doivent alors sévir si la demande est fondée, mais elles n'ont pas nécessairement à se conformer au taux proposé par la Chambre.

Il peut être appelé des décisions répressives, dans les 15 jours, auprès de l'autorité immédiatement supérieure.

Les amendes ne peuvent être converties en peines d'emprisonnement.

Le ministère prussien du commerce a décidé que le produit des amendes pour inobservation des statuts de la Chambre serait acquis non à la Chambre elle-même, mais au Trésor public.

C'est là une mesure propre à éviter une application trop stricte de ces statuts, dans un but intéressé.

Dans tous les autres cas de contravention non passibles d'amendes, la Chambre recourra à la police locale qui interviendra selon les lois et règlements généraux.

2) *Examens de compagnon et de maître.*

Les examens de compagnon sont ceux réservés aux artisans ayant accompli un apprentissage régulier. Ils ne sont pas obligatoires, mais constituent:

1° la condition de l'obtention du «titre» (non de la simple dénomination) de compagnon (Gesellentitel);

2° l'épreuve préalable à l'obtention du titre de maître (Meistertitel).

La commission présidant cette épreuve (Gesellenprüfungsausschuß) est composée d'un président, d'un vice-président (parfois simple suppléant du président) et d'assesseurs en nombre pair. Ces derniers sont choisis, à part égale, parmi les compagnons et les maîtres. Tous doivent avoir les connaissances professionnelles nécessaires pour apprécier en connaissance de cause. Il faut donc une commission d'examens différente pour chaque métier. Les assesseurs doivent être des artisans exerçant encore le métier donnant lieu à l'examen. Le président et son suppléant, à l'exclusion des autres membres du jury, peuvent cependant être d'anciens artisans retirés des affaires. Si donc, par exemple, un compagnon membre du jury s'établit à titre indépendant ou change de métier, il n'est plus autorisé à faire partie de la commission d'examen. La situation est la même pour le patron qui se fait fabricant en modifiant ses procédés de fabrication ou qui redevient compagnon. Dans le premier cas, il ne relève plus de la Handwerkskammer; dans le second, il n'est plus dans les conditions requises pour représenter les maîtres ou patrons.

Les maîtres-assesseurs doivent:

1° être âgés d'au moins 30 ans;

2° jouir des droits civils;

3° être établis à titre personnel depuis au moins trois ans dans le district de la Chambre;

4° avoir le droit d'engager des apprentis.

Les compagnons doivent:

1° être majeurs;

2° jouir des droits civils;

3° avoir subi l'apprentissage conforme aux prescriptions de a Chambre pour le métier qui fait l'objet de l'examen;

4° avoir passé, avec succès, l'examen de compagnon (cette lernière disposition n'a force légale qu'à partir du 1er avril 1907; jusqu'à cette époque, elle est remplacée par la simple condition d'un apprentissage d'au moins deux ans, ce qui ajourne également l'entrée en vigueur de la condition précédente).

Diverses catégories de commissions d'examens. — Comme il résulte de l'exposé du début sur la législation industrielle relative aux Handwerkskammern, il y a trois catégories de commissions d'examens:

1° celles dépendant des «Zwangsinnungen» ou corporations obligatoires, qui ne peuvent examiner que les jeunes gens en apprentissage chez un membre de leur association;

2° celles instituées par les «freien Innungen» ou corporations facultatives, sur l'autorisation de la Chambre compétente;

3° celles constituées directement par les Chambres. Ces dernières semblent offrir le plus de garanties, parce qu'elles jouissent d'un caractère plus officiel que les autres.

Les formalités de nomination des membres de ces diverses commissions ont été également indiquées dans un chapitre précédent. Voici, en outre, quelques renseignements complémentaires, tirés de la pratique:

Les assesseurs doivent être deux au minimum. Le maximum n'est pas déterminé. En règle générale, les Chambres restreignent le plus possible le nombre des assesseurs, pour éviter de trop fortes dépenses. Les membres des jurys d'examens touchent, en effet, une indemnité en espèces du chef de la perte de temps qu'entraînent leurs fonctions. Plusieurs Chambres ont aussi prescrit l'élection d'assesseurs-suppléants intervenant en cas d'empêchement du membre titulaire.

Membre adjoint. — Pour examiner les apprentis au point de vue de leur savoir théorique, la commission s'adjoint parfois une personne experte et lui confère voix délibérative et droit de vote. Cet expert, d'habitude un membre du corps enseignant d'une école de perfectionnement (Fortbildungsschule), apprécie, s'il y a lieu, les rédactions que les récipiendaires ont à faire sur un sujet ayant trait au métier. Il questionne aussi sur l'arithmétique, la comptabilité et la législation industrielle, appropriées à la future carrière des apprentis.

Les jeunes artisans qui se soumettent à l'examen payent un droit d'inscription fixe, déterminé par la Chambre. La plupart des Handwerkskammern, afin d'éviter des frais trop considérables, inhérents à chaque série d'examens, mais nullement proportionnels au nombre d'inscrits, ont créé deux périodes d'examens, en octobre et en avril, c'est-à-dire à la fin de chaque semestre scolaire, ce qui correspond généralement à la fin de l'apprentissage.

Objet de l'examen. — L'épreuve essentielle de l'examen de compagnon varie suivant les Chambres et suivant les métiers. D'habitude, on impose un chef-d'œuvre (Gesellenstück) ou simplement certains travaux faits en présence du jury (Arbeitsprobe). Parfois même, on réunit ces deux exigences. En règle générale, l'épreuve la plus logique semble être l'accomplissement, devant des experts, de travaux partiels judicieusement choisis. Le chef-d'œuvre entraine une forte perte de temps et de matériaux, car une telle pièce n'a pas toujours de valeur marchande. En outre, une surveillance stricte et incessante n'est pas pratiquement réalisable. Il est donc très difficile d'éviter toute aide étrangère.

Tous ces inconvénients n'existent pas dans la méthode de l'«Arbeitsprobe». Cette dernière permet d'exiger des travaux délicats, d'une durée relativement courte, n'occasionnant pas de frais trop élevés et s'effectuant sous les yeux des membres du jury.

Comme garantie du travail personnel dans l'exécution du «Gesellenstück», on concède à des «Schaumeister» ou maîtres-inspecteurs le droit d'assister au travail de l'apprenti et même de lui faire accomplir, en leur présence, certaines parties de l'ouvrage entrepris. Une telle surveillance doit être forcément très relâchée. Les «Schaumeister» agissent à titre gracieux; on ne peut donc leur demander un contrôle continuel; la confection du chef-d'œuvre nécessite, d'ailleurs, souvent plusieurs semaines d'un labeur assidu.

Le président de la commission d'examen peut, dans la plupart des cas où un chef-d'œuvre doit être livré, assigner temporairement à l'apprenti l'atelier d'un autre patron pour y exécuter son «Gesellenstück». Cette mesure, si elle était d'application générale, porterait d'excellents fruits à la condition que le patron de cet atelier soit en même temps «Schaumeister».

Épreuve théorique. — Outre l'épreuve pratique, l'apprenti est soumis à un examen théorique portant, en règle générale, sur:

1° la valeur, les qualités, les défauts, les moyens de conservation, les méthodes de traitement et l'emploi des matières premières, produits demi-ouvrés et accessoires en usage dans son métier;

2° la qualité, le traitement, la réparation des outils et machines se rapportant à son métier;

3° le calcul, la comptabilité et les lois industrielles appliqués au métier.

Les résultats de l'examen sont qualifiés d'excellents, de bons, de suffisants ou d'insuffisants. Dans ce dernier cas, la commission d'examens détermine un délai avant l'écoulement duquel l'apprenti ne peut se représenter à la même épreuve.

La Chambre ou, s'il y a lieu, la corporation remet ensuite aux nouveaux compagnons un certificat détaillé, signé par le jury. Ceci donne, d'habitude, lieu à une cérémonie plus ou moins solennelle destinée à augmenter le prestige du «Gesellenprüfung».

Commission d'appel. — Le président de la commission ou jury a seul le droit, à l'exclusion même des assesseurs et de l'examiné, d'appeler de la décision prise. S'il estime que les assesseurs se sont trompés dans leur jugement, il adressera une réclamation motivée à la commission d'appel. Cette commission d'appel est constituée d'un président, nommé par le comité de la Handwerkskammer et dans son sein, et de 6 membres effectifs et 6 suppléants, élus, par moitié, par l'assemblée générale des membres de la Chambre et par la commission des compagnons.

Si aucun des membres de la commission d'appel n'appartient au métier objet de l'examen dont le résultat est controversé, il sera fait choix, par le comité de la Chambre, d'un expert avec simple voix consultative. Le président de la commission d'appel a voix prépondérante.

Tendance. — Ainsi qu'il a été dit au commencement de ce chapitre, l'examen de compagnon, bien qu'offrant dans la suite des avantages indéniables à ceux qui l'ont subi, n'est pas obligatoire.

La tendance presque unanime des diverses Handwerkskammern allemandes est de réclamer du pouvoir législatif la modification de la législation industrielle de façon à obliger l'apprenti, à la fin de son apprentissage, à se soumettre à cette épreuve.

Diverses motions ont été faites dans ce sens, notamment par les Chambres de Hanovre et d'Oppeln.

La Chambre d'Oppeln, au 4e congrès à Munich, en 1903, proposait d'agir auprès du Reichstag et du Bundesrat pour que les §§ 131—131c de la législation industrielle s'énoncent comme suit: «L'apprenti doit subir l'examen de compagnon après avoir terminé son apprentissage».

En 1904, au 5e congrès à Lubeck, la même Chambre exprimait un vœu analogue et réclamait, en outre, des mesures répressives (amendes) contre ceux qui s'arrogent le titre de compagnon sans en avoir le droit.

Examens de maîtres. — Cette même tendance existe, quoique peut-être d'une façon moins générale, au sujet des examens de maîtres (Meisterprüfungen) décernant aux compagnons le titre de Meister ou maître.

Nous ne voulons pas nous étendre longuement sur cette matière parce qu'elle sort, en réalité, du cadre de cette étude. En effet, tandis que l'organisation des examens de compagnons dépend directement des Handwerkskammern, ces dernières, de par la législation industrielle, ne jouent qu'un rôle assez effacé dans le fonctionnement des jurys conférant le titre de maître.

Commissions d'examens pour le titre de maître. — Les commissions d'examens pour le titre de maître, nommées simplement «Prüfungskommissionen», sont formées par les autorités, la Chambre des métiers compétente préalablement entendue. Elles comprennent un président et quatre membres effectifs. Chacune de ces personnes a son suppléant. Les membres (assesseurs) et leurs suppléants doivent être des maîtres indépendants et non retirés des affaires. Le président et son suppléant sont très souvent des fonctionnaires de l'État d'un rang assez élevé.

L'organisation de ces examens est analogue à celle des examens de compagnon. Il y a aussi une partie pratique et une partie théorique. Naturellement, les connaissances exigées sont de beaucoup supérieures à celles requises des simples apprentis.

Mouvement pour et contre le titre obligatoire de maître. — Il s'est dessiné, dans ces dernières années, tout un mouvement en faveur de la nécessité, pour exercer un métier à titre indépendant, d'avoir le diplôme de maître de ce métier. C'est une tendance vers l'ancienne organisation du régime corporatif qui, semble-t-il, est incompatible avec la liberté industrielle inhérente à la vie moderne. On ne peut faire équitablement d'exceptions en faveur des artisans alors que le principe de la pleine liberté régit les autres catégories de producteurs.

Cette campagne a, d'ailleurs, causé une réaction dans les milieux d'artisans eux-mêmes. Certaines Chambres des métiers ont acquis la conviction qu'une telle revendication n'est ni réalisable ni recommandable. Le 13 février 1905 a eu lieu, à Erfurt, une réunion à laquelle toutes les Handwerkskammern avaient été invitées. D'après le procès-verbal, 27 Chambres (sur 71 que comprend l'Empire) se sont déclarées contre l'introduction, obligatoire et générale à tous les métiers, d'une épreuve de capacité (Befähigungsnachweis) sous quelque forme que ce soit.

3) *Écoles d'apprentis.*

Classification. — Pour exposer clairement cette question, il est nécessaire de donner quelques explications sur la signification et la classification des écoles d'apprentis en Allemagne.

On distingue, au point de vue du métier:

1° «die allgemeinen Fortbildungsschulen», écoles générales de perfectionnement, à enseignement d'un caractère général;

2° «die gewerblichen Fortbildungsschulen», écoles spéciales de perfectionnement dont le programme tient compte, quoique dans une mesure assez restreinte, de la profession future des apprentis;

3° «die Fachschulen», écoles professionnelles, nettement spécialisées, pour les apprentis d'un seul métier ou de plusieurs métiers du même genre. Le programme en comprend:

1° une partie d'enseignement général (langue maternelle, calcul, écriture, etc.) afin que l'apprenti, qui commence d'habitude son apprentissage après sa 14e année, n'oublie pas les connaissances, élémentaires mais si importantes, acquises à l'école primaire. Ces cours, quoique d'application générale, ont une certaine tendance professionnelle.

2° une partie d'enseignement professionnel théorique.

Rarement on y donne, en outre, un enseignement pratique. Tandis donc que les établissements belges (l'école d'armurerie à Liège, les écoles professionnelles de tailleurs, de peintres décorateurs, de plomberie, de mécanique, etc.) sont des écoles pratiques, les institutions correspondantes allemandes sont, en grande part, uniquement théoriques, l'apprentissage chez un patron devant tenir lieu d'enseignement pratique.

Situation actuelle. — Ainsi qu'il a été dit précédemment (v. page 31), les administrations communales ont le droit, en vertu du § 120 de la législation industrielle, d'imposer à tout apprenti âgé de moins de 18 ans, la fréquentation d'une école de perfectionnement, les «Fachschulen» formant une catégorie d'écoles de perfectionnement.

La limite de 18 ans, fixée par la loi, n'est qu'un maximum, l'obligation pouvant cesser à un âge inférieur.

Dans les États de l'Allemagne du Sud, la fréquentation d'une école de perfectionnement est déjà rendue obligatoire par une loi (non de l'Empire) applicable à tous les jeunes gens du pays qui ne suivent pas les cours d'autres établissements d'instruction tels que Gymnase (Athénée), Realschule, etc. La limite d'âge diffère, mais, conformément à la «Gewerbe-Ordnung» ou législation industrielle, ne dépasse jamais 18 ans. En Saxe, pour ne citer que ce pays, une loi de 1873 rend l'instruction obligatoire jusqu'à l'âge de 15 ans accomplis.

La Prusse a laissé aux autorités locales la faculté de faire usage du droit que leur concède l'art. 120 de la «Gewerbe-Ordnung».

On y tend cependant, de plus en plus, à suivre l'exemple des autres États allemands. En toute occasion, les Handwerkskammern prussiennes ont mené une vive campagne en faveur des Fortbildungsschulen obligatoires. On peut prévoir le succès prochain de leurs démarches.

Au 3e congrès des Chambres de Westphalie, en juin 1903, le président de la Chambre de Dortmund, insistant sur l'importance, pour les apprentis, de se former également au point de vue des connaissances générales et commerciales, exprimait le désir que les écoles de perfectionnement soient déclarées obligatoires de fait. Cela équivaudrait à mettre les autorités locales en demeure d'établir, à leurs frais, de telles écoles là où il n'en existe pas encore.

La même année, en septembre, au 4e congrès des Handwerkskammern de l'Empire, à Munich, un haut fonctionnaire a fait voter, à la grande majorité des 71 Chambres représentées, la motion suivante:

«Il est indispensable que l'obligation de fréquenter une école de perfectionnement soit imposée par une loi de l'Empire, modifiant le § 120 de la législation industrielle.»

Nombre de villes possèdent, d'ailleurs, déjà leurs écoles de perfectionnement et le gouvernement prussien lui-même a beaucoup contribué à leur développement.

En 1901, il existait, en Prusse, 1624 écoles de ce genre, comptant 203 000 élèves et coûtant 4 652 755 marks. En 1903, les dépenses s'élevaient déjà à 6 510 000 marks, soit près de 2 millions en plus.

Enfin, le 8 octobre 1905, le ministre prussien de l'industrie et du commerce, Möller, a fait lui-même allusion, dans un discours, à la nécessité de rendre obligatoire la fréquentation des Fortbildungsschulen. Ce ministre a, il est vrai, donné sa démission quelque temps après, mais, il n'en est pas moins fort possible que la Gewerbe-Ordnung soit modifiée dans ce sens, dans un avenir peu éloigné.

A l'origine, les cours des écoles d'apprentis avaient lieu le dimanche. A présent, ils se tiennent d'habitude en semaine et les patrons sont obligés, de par la loi, d'accorder à leurs apprentis, tout le temps nécessaire pour assister régulièrement et ponctuellement aux leçons.

Au congrès de Munich, en 1903, on adopta un vœu exprimant le désir que:

1° l'enseignement des Fortbildungsschulen et Fachschulen se donne à raison de 4 à 6 heures au minimum par semaine;

2° l'on forme des classes composées, autant que possible, d'apprentis de même métier ou de métiers apparentés, de façon à permettre une spécialisation plus intense de l'enseignement;

3° les cours se tiennent le jour, les élèves étant, le soir après journée, trop fatigués du corps et de l'esprit pour tirer un profit réel des enseignements de leurs maîtres.

Certaines «kaufmännische Fortbildungsschulen», écoles de perfectionnement pour apprentis de commerce, ont 3 années d'études, à 2 heures par jour, soit 12 heures par semaine, de 7 à 9 heures du matin ou de 2 à 4 heures de l'après-midi, par exemple. Naturellement, l'horaire n'est pas aussi chargé, lorsqu'il s'agit d'écoles pour apprentis-artisans.

Les revendications des Chambres des métiers n'ont pas seulement trait à l'obligation de fréquenter une école de perfectionnement. Maintes fois, elles se sont élevées contre le régime dominant des écoles «générales» de perfectionnement qu'elles déclarent une prolongation inutile de l'école primaire. Elles veulent que l'État ou les communes fondent, en plus grand nombre, des écoles spéciales de perfectionnement et surtout des écoles professionnelles.

Dès 1902, au congrès westphalien de Dortmund, la Chambre d'Arnsberg dénonçait l'insuffisance des «allgemeine Fortbildungsschulen».

Au Congrès de l'Empire, en 1902, à Leipzig, la Chambre de Cologne, présentait une résolution invitant l'État à créer des Fachschulen et à subsidier largement celles dues à l'initiative, soit des Handwerkskammern, soit des Innungen.

Depuis lors, la tendance à la spécialisation des écoles de perfectionnement n'a fait que s'accentuer.

Telle est la situation actuelle due, pour une grande part, aux efforts des Chambres des métiers.

Rôle direct des Chambres. — Quel rôle direct jouent les Handwerkskammern dans l'organisation des écoles d'apprentis?

Comment les Chambres, elles-mêmes, comprennent-elles leur mission en cette matière?

La question pécuniaire exerce, ici comme ailleurs, son influence prépondérante.

Les ressources des Chambres sont, en général, très réduites. Elles sont surtout tirées des caisses communales, mais retombent souvent indirectement (v. page 16) sur les artisans. La Chambre qui prélèverait donc de lourds impôts de ses ressortissants (abstraction faite du consentement nécessaire des autorités) serait pour ceux-ci une charge plutôt qu'un appui.

Puisque le budget des Handwerkskammern ne permet pas de fortes dépenses, leur action directe est forcément restreinte au point de vue financier. De là, la tendance à endosser aux pouvoirs publics le devoir d'organiser des écoles d'apprentis. Cette tendance vise surtout l'État, car, parfois, les communes sont déjà mises à contribution; elles doivent, en effet, combler le déficit résultant de l'excédent des dépenses sur les recettes personnelles des Chambres, avec la faculté, il est vrai, de se rembourser sur les artisans du district.

Maintes fois, les Handwerkskammern ont pris l'initiative de la création d'écoles professionnelles.

Elles ont, souvent aussi, incité les Innungen à en fonder et sont intervenues alors, dans la mesure du possible, par voie de subsides. En règle générale, elles se refusent à établir des écoles de perfectionnement, même spécialisées, considérant que ce soin incombe à l'État. Toute leur sollicitude est donc réservée à la Fachschule, mais leur action souffre de l'insuffisance des fonds dont elles disposent.

L'opinion courante dans les milieux intéressés est donc que:

1° les pouvoirs publics ont à charge d'instituer des écoles spéciales de perfectionnement, c'est-à-dire, lorsqu'il s'agit d'apprentis-artisans, des gewerbliche Fortbildungsschulen;

2° les pouvoirs publics doivent, en outre, créer des écoles professionnelles (Fachschulen) pour chacun des principaux métiers.

Les écoles spéciales ne seraient donc fréquentées que par les apprentis ne ressortissant pas d'une école professionnelle;

3° les Chambres des métiers doivent, vu leurs ressources restreintes, se borner:

a) à solliciter des autorités la création d'écoles pour apprentis partout où le besoin s'en fait sentir et ensuite à coopérer largement à leur organisation et à leur administration;

b) à accorder des subsides modérés, mais seulement là où les autorités locales ne sont pas à même de le faire.

Il est très difficile d'apprécier les chances de succès de ces diverses revendications.

4) *Cours de maîtres.*

Plusieurs Chambres des métiers ont institué des cours de maîtres destinés aux patrons ou aux compagnons ayant l'intention de s'établir à titre indépendant.

L'organisation de tels cours est de beaucoup moins coûteuse que celle d'une école d'apprentis. Il ne s'agit, en effet, que d'une courte série de leçons données le soir, à plusieurs jours d'intervalle. Les Chambres, bien que ne disposant que de moyens restreints, sont donc à même de faire face aux dépenses occasionnées par ces cours, d'autant plus que les élèves payent d'habitude un certain droit d'inscription. La question des locaux ne donne généralement pas lieu à de grandes difficultés, ni à des frais considérables, les écoles d'apprentis étant souvent disponibles à la soirée. Les Chambres peuvent donc faire preuve d'une large initiative sans dépendre pécuniairement d'un pouvoir quelconque. Elles ont, par le fait même, pleine liberté d'organisation et d'administration en cette matière.

Beaucoup de Handwerkskammern n'ont pas encore fondé de cours de maîtres, quoique les résultats obtenus jusqu'à présent soient très satisfaisants. Cette idée fait, d'ailleurs, petit à petit, son chemin et il y a tout lieu de croire qu'elle trouvera tôt ou tard bon accueil auprès des Chambres qui ne l'ont pas encore adoptée.

Il n'existe pas la moindre obligation de suivre les cours de maîtres. En réalité, le nombre des participants est assez restreint, mais cette circonstance même est une garantie de succès, car, seuls, les artisans intelligents, animés du vif désir de s'instruire et de se perfectionner se font inscrire. Le maître a donc affaire à des éléments d'élite et la bonne semence tombe en terre fertile.

Certaines Chambres envisagent les cours de maîtres comme un simple procédé instructif, sans but immédiatement tangible. D'autres y voient, en outre, un moyen d'acquérir le titre officiel de maître; les Meisterprüfungen ou examens de maîtres se tiennent alors d'habitude peu de temps après la clôture de ces cours préparatoires.

Dans les deux cas, les élèves sont des artisans-adultes, déjà établis à titre personnel ou ayant l'intention de le faire d'un moment à l'autre. Dans l'expression «cours de maîtres» (Meisterkurse), maître doit donc se prendre dans le sens de patron, non dans la stricte signification du mot, c'est-à-dire possesseur du titre officiel de «Meister».

Il faut distinguer les cours à la fois pratiques et théoriques des cours purement théoriques. Toutes les considérations qui précèdent se rapportent à la seconde catégorie, la plus répandue, d'ailleurs.

Cours pratiques. — Les cours pratiques ont le grand désavantage d'être trop onéreux, nécessitant des ateliers spéciaux et un matériel coûteux de machines et d'outils modèles.

De tels cours pratiques, adjoints à des cours théoriques, existent à Vienne, en Autriche. Hanovre est, pour ainsi dire, la seule ville allemande qui en possède à l'exemple de l'Autriche.

Voici, brièvement, en quoi consiste cette organisation, entrée en vigueur à Hanovre, en 1901.

La ville et l'État supportent les frais de cours pratiques et théoriques pour menuisiers, serruriers, tailleurs et cordonniers. Les quatre Chambres des métiers de la province de Hanovre accordent aux artisans des bourses leur permettant de prendre part à ces cours. Ceux-ci se donnent du matin au soir pendant 8 semaines, sans interruption. C'est donc un tout autre système que les cours de maîtres dont il est question au début de ce chapitre. Si les dépenses sont trop considérables, les quatre Chambres intéressées doivent intervenir aux dépens des artisans de leur district, sur qui retombe, en fin de compte, ce surcroît de charges.

Il existe quatre séries de cours par an. Deux jours par semaine, les participants travaillent dans des ateliers spéciaux, pourvus des machines-outils les plus perfectionnées. Les autres jours, sauf le samedi, sont consacrés aux cours théoriques. Le samedi est réservé à des excursions techniques.

Les cours théoriques sont: dessin professionnel, calcul de devis, législation appliquée aux affaires, comptabilité et tenue des livres, cours de produits, langue maternelle adaptée au métier, etc.

Une telle institution n'est pas partout réalisable. Abstraction faite des frais énormes qu'elle entraîne, elle comptera toujours un nombre restreint de participants et sa fréquentation constituera, dans l'avenir comme par le passé, une sorte de traitement de faveur. Suivre de tels cours, surtout au moyen de bourses émanant des Chambres, est un privilège injuste par les charges qui en résultent pour la communauté des artisans. Quels patrons pourront abandonner leurs affaires huit semaines, au point de ne plus séjourner, pendant tout ce temps, dans la localité où ils sont établis? Ce sera toujours l'exception. Des cours sur le modèle hanovrien seraient, d'ailleurs, tout au plus possibles par province, parfois par pays et encore au prix de grands sacrifices. En Autriche, par exemple, l'institution de Vienne est destinée aux artisans de tout l'Empire.

Cours théoriques. — La Handwerkskammer doit se borner à créer des cours abordables à tous les hommes de métier de son ressort sans nuire aux intérêts personnels des participants.

Comme il a été dit précédemment, par cours de maîtres, il faut entendre une courte série de leçons théoriques données le soir après journée.

La Chambre des métiers de Berlin s'est tout particulièrement distinguée sous ce rapport. Les cours qu'elle a institués constituent, à plus d'un point de vue, une organisation modèle.

Ils se divisent en:

1° cours s'adressant à tous les artisans, sans distinction de métiers, tels que: comptabilité et tenue des livres, législation intéressant le métier, etc.

et 2° en cours nettement professionnels, classés par métiers; par exemple, pour les cordonniers: anatomie du pied, manières de prendre mesure, moyens d'obtenir des modèles en plâtre, dessins de modèles de chaussures, etc.

Un cours dure en moyenne 24 heures, réparties à raison de 2 heures par semaine, le soir, et coûte 120 marks de traitement pour le professeur. La moitié de cette somme est à charge de la Chambre, l'autre moitié, soit 60 marks, est payée par les participants eux-mêmes. Chaque cours comprenant 20 élèves, la dépense personnelle ou droit d'inscription de chacun d'eux est donc de 3 marks.

Enfin, il est tenu compte, pour l'établissement de ces cours, de la morte saison existant dans la plupart des métiers, afin que les artisans puissent suivre les cours avec régularité, sans négliger leur clientèle.

C) **Action mixte.**

Coopératives.

Mission mixte des Chambres. — Les Chambres des métiers exercent une double influence sur le mouvement coopératif. Elles jouent un rôle indirect d'abord, en invitant les artisans à recourir à la coopération. Elles agissent alors directement en participant à l'organisation et à la conduite des entreprises nouvellement créées à leur instigation.

Les Chambres ne fondent donc pas elles-mêmes de coopératives; elles s'efforcent simplement de décider les artisans à se réunir en sociétés et leur démontrent, à cette fin, par conférences, leçons, brochures, etc., les avantages de pareils groupements. Ce premier point obtenu, elles rédigent des statuts appropriés qu'elles soumettent aux intéressés, indiquent à ceux-ci les formalités à accomplir, s'occupent de la bonne mise en marche de l'affaire et l'assistent de conseils pratiques. Voilà, brièvement, la mission, l'action mixte des Handwerkskammern en cette matière.

Avant d'examiner en détail les efforts des Chambres pour faire pénétrer et développer le système coopératif dans les milieux artisans, il est nécessaire de donner un court aperçu des diverses catégories de coopératives ou «Genossenschaften» et des buts poursuivis par ces organisations.

Diverses catégories de coopératives. — Les coopératives qui intéressent tout particulièrement les artisans sont:

1° les «Kreditgenossenschaften» ou coopératives de crédit;

2° les «Einkaufs- ou Rohstoffgenossenschaften», coopératives pour l'achat de matières premières et accessoires (coopératives d'achat);

3° les «Werkgenossenschaften», coopératives pour l'emploi en commun de machines coûteuses (coopératives d'exploitation);

4° les «Magazingenossenschaften», coopératives pour la vente en commun (coopératives de vente au public);

5° les coopératives à caractères multiples c'est-à-dire présentant une combinaison de deux ou plusieurs des systèmes précédents.

Coopératives de crédit. — Les coopératives de crédit, nommées aussi «Volksbanken» (banques populaires), ont pour but d'accorder des avances à leurs membres, à des conditions moins sévères que ne le font les autres établissements de crédit.

Les agriculteurs servent, à ce sujet, d'exemples aux artisans. En 1903, les «landwirtschaftlichen Genossenschaften», coopératives agricoles de crédit, étaient au nombre de 16.500 dans tout l'Empire et comptaient près de 8.000.000 de membres. Les Banques Schulze-Delitzsch et Raiffeisen, sont assez connues pour qu'il soit superflu de s'étendre sur ce point.

La tendance est que l'État crée, sous sa garantie, une caisse de crédit pour artisans. Ce vœu se rencontre surtout en Westphalie, ainsi que le prouve le rapport du 3e congrès à Arnsberg, en 1903. La chose est d'autant plus singulière que, précisément en Westphalie, le système des coopératives privées de crédit a pris un certain développement. Les coopératives westphaliennes se sont même fusionnées en une banque, la «westfälische Genossenschaftsbank», qui a son siège social à Munster.

Coopératives d'achat. — Les coopératives d'achat ont pour but d'acquérir des marchandises de bonne qualité à des prix avantageux. La société coopérative, concluant des marchés importants, arrache aux fournisseurs des conditions exceptionnelles sous le rapport de la qualité et du prix. Elle supprime, autant que possible, les intermédiaires et se présente aux vendeurs en gros avec d'autant plus de chances de succès que, généralement, elle paye comptant.

La coopérative achète pour revendre à ses membres. D'habitude, elle leur cède les marchandises au prix de la concurrence. Elle évite donc par là toute lutte de prix avec cette dernière. Elle vise tout d'abord à fournir à ses sociétaires, au prix usuel, des produits plus soignés que ceux qu'ils pourraient obtenir en agissant individuellement. Voilà un premier profit. Un second, conséquence des prix de faveur, se manifeste, à la fin de l'exercice social, sous la forme d'un dividende proportionnel à l'importance des relations d'affaires de la société avec chacun de ses membres.

Ce genre d'association offre d'autres avantages qui, pour être indirects, n'en sont pas moins réels. Par exemple, les membres n'ont plus besoin d'avoir constamment chez eux un stock relativement considérable de matières premières et autres. Il y a donc économie de loyer et de frais d'entretien et d'assurance des marchandises non encore ouvrées, surveillance plus aisée, gain de temps, etc. De même, il y a simplification de la correspondance avec les fournisseurs et des écritures car, dans toutes les coopératives prospères, les sociétaires sont obligés de payer comptant.

Cette nécessité de payer les achats sans le moindre délai a attiré tout spécialement l'attention des Handwerkskammern. En dépit de tous leurs efforts, elles n'ont pas toujours réussi à décider les sociétaires à opter pour la suppression de tout crédit. Ceux-ci prétendent n'être pas à même de se soumettre à une telle condition pour deux graves motifs. D'abord, ils accordent parfois de fortes avances à une partie de leur clientèle qui les abandonnerait plutôt que de devoir régler au comptant. Ensuite, les artisans ayant toujours acheté à crédit, il est à craindre que leurs anciens fournisseurs, à la nouvelle de leur participation à une coopérative d'achat, n'agissent sans ménagement pour recouvrer sans retard leurs créances. C'est un cercle vicieux dont il faut sortir à tout prix pour faire œuvre profitable. C'est pourquoi au 5e congrès allemand, en septembre 1904, à Lubeck, la Chambre de cette ville mentionnait la nécessité, pour les coopératives d'achat, de n'acheter et de ne revendre que contre payement comptant, la revente se faisant aux prix du marché.

C'est une situation délicate pour l'homme de métier qui doit, du même coup, liquider ses dettes, verser sa quote-part à la coopérative et ne plus acheter à crédit. Peut-être doit-on attribuer à ces exigences, cependant indispensables, l'accueil peu enthousiaste qui, jusqu'à présent, a été fait par les artisans à l'idée coopérative.

Il est d'autant plus louable qu'un certain nombre d'artisans, guidés par les Chambres soient quand même parvenus à surmonter ces difficultés, car il existe déjà des coopératives d'achat qui travaillent avec plein succès. Les plus fréquentes sont celles formées entre cordonniers pour se fournir en cuirs, clous, formes, etc.; entre tailleurs pour l'acquisition d'étoffes, de doublures, de boutons, etc.; entre menuisiers pour se procurer des bois sciés, des clous, etc.; entre boulangers pour acheter du combustible, de la farine, de la levure, etc.

Coopératives d'exploitation. — Les «Werkgenossenschaften» ou coopératives d'exploitation sont de deux types tout à fait différents. Les unes permettent aux artisans de se procurer, par payements mensuels, de petits moteurs, des machines et des outils coûteux mais d'un bon rendement.

Les autres installent des machines à demeure dans un atelier spécial, où elles sont à la disposition des sociétaires moyennant un faible droit de location. Il s'agit surtout, dans ce dernier cas, de travaux préparatoires ou exceptionnels pour lesquels l'artisan doit, en général, recourir à d'autres mieux montés que lui.

Les «Werkgenossenschaften» sont encore peu répandues et ne comptent souvent qu'un nombre restreint de membres.

Coopératives de vente au public. — Les «Magazingenossenschaften» ou coopératives de vente établissent, dans des endroits commerçants, des magasins dont la location ne serait pas à la portée des artisans si ceux-ci ne supportaient pas, en commun, les frais généraux forcément très élevés.

Les sociétaires y mettent en vente les articles qu'ils ont confectionnés et peuvent ainsi se soustraire à la nécessité d'avoir leurs propres locaux de vente avec étalage à rue. Un simple atelier leur suffit dès lors. Il en résulte aussi une sérieuse économie de temps, une réduction du personnel ou son emploi exclusif à la fabrication, une plus grande facilité de surveillance et de contrôle, une diminution des frais généraux, une simplification des écritures, des opérations de bilan et d'inventaire, des relations avec les clients. Parfois, même, il y a suppression complète de la morte-saison, si la coopérative conserve un stock pour offrir aux acheteurs un choix plus considérable de marchandises prêtes à être livrées.

Les coopératives de vente exigent une grande confiance mutuelle, un gérant honnête et possédant le sens des affaires. Le grand obstacle de cette organisation est la crainte des intéressés de devoir sacrifier leur clientèle personnelle au bien-être commun. La plupart des artisans voudraient, tout en devenant sociétaires, continuer leurs propres affaires. Si la coopérative est créée sur cette base, ou elle languira, n'étant pas dans des conditions viables par suite de conventions peu profitables avec les membres-fournisseurs, ou elle deviendra une entreprise concurrente redoutable pour les sociétaires eux-mêmes. Ces derniers auront, en outre, renoncé aux principaux avantages économiques énumérés plus haut. Il ne faut donc pas de demi-moyens. Les mesures radicales qu'entraîne, pour les sociétaires, un tel groupement d'artisans constituent probablement la cause essentielle du peu de développement de ce genre de coopératives. Il existe bien quelques coopératives de vente au public entre cordonniers, menuisiers (fabricants de meubles) et tailleurs, mais elles sont de réelles exceptions.

Coopératives à caractères multiples. — Les coopératives à caractères multiples peuvent avoir en vue à la fois l'achat de matières premières, la vente aux membres de machines et outils coûteux contre payements partiels, parfois aussi, en outre, l'utilisation, dans des ateliers spéciaux, des procédés les plus perfectionnés et même la vente en commun au public.

On cite la ville d'Osnabruck, dans la province de Hanovre, comme possédant une organisation de ce genre fondée entre menuisiers et fonctionnant avec succès. C'est une preuve de la possibilité de semblables entreprises qui présentent, d'ailleurs, de grandes difficultés à surmonter.

Le gérant devra posséder les connaissances, les vues larges d'un bon industriel. Il aura, en plus, affaire non à des actionnaires par l'entremise d'un conseil d'administration mais à toute une série d'artisans en même temps sociétaires, vendeurs, acheteurs, souvent jaloux les uns des autres, méfiants, ayant la tendance de le considérer plus ou moins comme leur subordonné. C'est une situation très délicate, et seuls de sérieux avantages matériels peuvent décider un homme d'expérience, doué de grandes capacités, bref une nature d'élite, à accepter ce poste difficile. Or, beaucoup d'artisans se rendent malaisément à la nécessité de payer largement pour avoir une personnalité apte à conduire à bien une entreprise aussi compliquée. Quoi qu'il en soit, nous n'avons pas connaissance d'un autre exemple de coopérative combinée que celui d'Osnabruck.

Formes légales de la «Genossenschaft». — La coopérative allemande ou «Genossenschaft» se présente sous trois formes légales:

1° la «Genossenschaft mit unbeschränkter Haftpflicht» (à responsabilité illimitée directe et solidaire des sociétaires) dans laquelle chaque membre répond directement envers les créanciers, pour toute sa fortune personnelle, des dettes contractées régulièrement.

2° la «Genossenschaft mit unbeschränkter Nachschußpflicht» (à responsabilité illimitée et indirecte des sociétaires) dont chacun des membres est responsable indéfiniment non plus vis-à-vis des créanciers, comme dans le premier cas, mais envers la société elle-même. Les créanciers n'ont plus d'action directe que contre la société mais exercent, par celle-ci, une action indirecte sur les membres.

3° la «Genossenschaft mit beschränkter Haftpflicht» (à responsabilité limitée). C'est la forme entraînant le moins de risques pour les sociétaires, c'est aussi, pour cette raison, la plus usuelle.

Les statuts de cette société doivent indiquer la somme totale (Haftsumme) pour laquelle les membres engagent leur responsabilité. Chaque membre est responsable pour une partie de cette somme en rapport direct au nombre de parts dont il est détenteur.

La responsabilité est donc proportionnelle aux mises, sans qu'elle puisse dépasser, pour la collectivité des sociétaires, le montant mentionné dans le règlement.

Les mises ou parts, payables en une ou plusieurs fois, constituent donc le capital roulant ou capital d'exploitation. La «Haftsumme» sert de garantie vis-à-vis des fournisseurs de la coopérative.

Les Chambres des métiers ont, de tout temps, conseillé aux artisans de se rallier de préférence aux coopératives à responsabilité limitée. Ce point a même fait l'objet d'une mention spéciale de la part de la Chambre de Lubeck au 5e congrès allemand siégeant en cette ville en septembre 1904.

Efforts des Chambres des métiers. — Qu'ont fait les Handwerkskammern pour l'idée coopérative?

Avant la création des Chambres des métiers, en 1897, il n'existait qu'un nombre insignifiant de coopératives d'artisans. Ceux-ci se montraient si peu partisans de cette organisation qu'au congrès des artisans de tous métiers, en 1892, à Berlin, une simple motion en faveur de la coopération fut repoussée à une forte majorité.

Dès l'origine, les Handwerkskammern ont reconnu les avantages multiples et sérieux que la société coopérative offre aux petits producteurs. Sans retard, elles se sont occupées avec zèle de favoriser la fondation de tels groupements; mais, dès leurs premières tentatives, elles se heurtèrent à l'aversion aussi profonde qu'incompréhensible des intéressés. Soit absence de courage pour rompre avec les anciens errements, soit manque de confiance, soit crainte de pactiser avec des concurrents, les artisans se refusaient à suivre les conseils des Chambres et le même phénomène se produisait dans toute l'Allemagne.

Les Chambres des métiers, composées en majorité d'hommes éclairés, ne perdirent pas courage. Plusieurs d'entre elles, plus particulièrement pénétrées de l'importance de cette question, instituèrent même des comités permanents avec mission de faire comprendre aux artisans que la coopération pouvait rénover le métier et lui fournir des armes moins inégales dans sa lutte contre le capital au service de la grande industrie. Il fallait à tout prix vaincre l'indifférence générale. Certains pouvoirs publics intervinrent, à l'instigation des Chambres, pour soutenir la campagne de ces dernières. C'est ainsi que le gouvernement du Grand-Duché de Hesse accorda à la Handwerkskammer de Darmstadt un subside de 5000 marks pour l'aider dans sa propagande active en faveur des sociétés coopératives.

La plupart des Chambres sacrifient encore maintenant des sommes assez importantes, prises à leurs ressources personnelles, pour faire connaître les profits d'une entente entre patrons de même métier. Ces subsides permettent:

1° de faire donner des conférences sur ce sujet dans les réunions d'artisans par des personnes expérimentées et aptes à convaincre les irrésolus;

2° de répandre, parmi les artisans, des brochures de propagande;

3° d'organiser des cours destinés aux membres, spécialement aux membres des comités et aux gérants, des coopératives.

Les Chambres de Francfort-sur-le-Mein, Munich, Berlin et Lubeck ont notamment fait preuve d'une grande activité sous ce rapport. Digne de mention est également la Chambre de Wiesbaden qui consentit un subside de 25 000 marks en faveur de l'union de plusieurs coopératives en une société centrale plus puissante par son capital plus considérable.

Peu à peu, le succès récompensait les efforts des Handwerkskammern Quelques timides tentatives ayant réussi, grâce au rôle de mentor des Chambres, un certain nombre d'artisans s'enhardirent et la coopération gagna insensiblement du terrain. Il y a encore énormément à faire, car, malgré tout, le progrès, quoique indéniable, est excessivement lent. Toutefois, l'indifférence de jadis est quelque peu ébranlée et certaines Chambres recourent de préférence à présent au troisième moyen de propagande énuméré consistant à instituer des cours à l'intention des gérants. D'autres Chambres se contentent d'envoyer des artisans de leur district assister aux cours tenus dans d'autres localités. Bielefeld, par exemple, n'ayant pas de tels cours, délègue deux maîtres de son ressort pour aller suivre, à Berlin, les leçons sur la coopération organisées par la Handwerkskammer de cette dernière ville.

V. Conclusions et déductions pratiques au point de vue belge.

Les Handwerkskammern comptent à présent huit années d'existence. En tenant compte des difficultés d'organisation et de mise en marche, on constate qu'elles ont, depuis leur fondation relativement récente, obtenu des résultats positifs dont il ne faudrait pas toutefois s'exagérer l'importance.

L'expérience tentée, quoique non concluante sous «tous» les rapports, a prouvé quand même que les Chambres des métiers sont bien une institution viable, exerçant une influence heureuse sur la rénovation du métier.

Voici, brièvement résumés, sous forme d'une simple énumération, les dangers et les avantages de cette organisation.

Dangers. — Les principaux inconvénients résultant de l'activité des Chambres sont:

1° un mouvement anti-économique pour le pays en général (voir la campagne contre les ateliers militaires, les régies publiques, les grands magasins, les coopératives de consommation);

2° des exigences parfois outrées et la recherche de mesures protectrices ayant le caractère d'un traitement de faveur. Les revendications souvent exagérées des artisans, dont les Chambres se sont faites les interprètes, sont la conséquence directe du mouvement anti-économique mentionné plus haut;

3° la tendance trop prononcée de plusieurs Handwerkskammern d'un retour à l'ancien régime corporatif. A simple titre d'exemple, citons l'action en faveur des corporations obligatoires et de l'imposition des examens de compagnon et de maître;

4° le risque d'une réglementation poussée à l'excès dans certains cas, en vertu des pouvoirs très étendus que la loi concède aux Chambres (limitation du nombre d'apprentis, etc.).

Avantages. — Les avantages sont:

1° l'atténuation des abus sévissant dans l'apprentissage,

2° la garantie d'un enseignement sérieux de l'apprenti, de la part du patron,

3° une instruction appropriée des apprentis dans les écoles professionnelles,

4° le développement des aptitudes professionnelles des artisans par l'institution d'examens de compagnon et de cours de maîtres,

5° des vues plus larges des artisans par suite de conférences, d'expositions et de bibliothèques organisées par les Chambres,

6° la stimulation de l'orgueil du métier et de l'amour-propre dans les milieux artisans. Une certaine confiance en l'avenir fait place, en maintes occasions, au découragement à peu près général dont souffraient jadis les hommes de métier,

7° la pénétration de la coopération dans le métier.

Appréciation. — Les désavantages des Chambres allemandes sont de deux natures de sources différentes:

a) les uns (1° et 2°) proviennent de la concurrence,

b) les autres (3° et 4°), du rapport intime existant entre les «Innungen» et les «Handwerkskammern».

a) Les premiers naissent de la nécessité, pour sauver le métier, de faire face à la concurrence, sous quelque forme qu'elle se présente. Ils portent en eux-mêmes leur correctif, car la majorité d'un pays luttera, d'habitude avec succès, contre l'adoption de toute mesure contraire à l'intérêt général. Le vrai remède à la décadence du métier n'est pas dans des moyens vexatoires envers la concurrence. Il est dans l'amélioration des procédés et des méthodes de production par un enseignement pratique et théorique raisonné et par la coopération.

b) Les autres inconvénients résultent précisément de ce que le législateur a conservé, comme base de l'organisation des Chambres des métiers, l'ancien régime corporatif, concilié plus ou moins avec le principe moderne de la liberté du travail.

Déductions pratiques au point de vue belge. — Au point de vue belge, la 1re catégorie d'inconvénients n'est donc pas très grave, puisque, de même qu'en Allemagne, elle aurait un certain contrepoids dans la résistance de la majorité aux mesures susceptibles de léser l'intérêt général.

Quant à la seconde catégorie, il suffirait, pour l'éviter, que la loi ignore toute corporation et organise les Handwerkskammern en dehors de toute association professionnelle. La chose est d'autant plus aisée que l'ancien régime n'a pas conservé, en Belgique, les racines profondes qu'il reprend de plus en plus en sol allemand.

Mission. — Les Chambres belges auraient donc essentiellement pour mission:

1° de surveiller l'apprentissage dans les limites précisées par la loi;

2° d'organiser l'enseignement théorique dans des écoles professionnelles pour apprentis-artisans;

3° de constituer des examens «facultatifs» de compagnons. La dénomination de maître serait réservée aux compagnons diplômés et établis à titre indépendant;

4° d'élever le niveau de l'instruction générale et de l'éducation professionnelle et commerciale des artisans par des cours d'adultes, des conférences, des bibliothèques;

5° de faire pénétrer la coopération dans le métier.

Nombre. — A l'exemple de l'Allemagne, le ressort de chaque Chambre serait assez étendu. Ainsi, la Handwerkskammer de Strasbourg exerce sa juridiction sur toute l'Alsace-Lorraine. On pourrait donc établir une Chambre au chef-lieu de chaque province, en mettant toutefois les provinces de Luxembourg et de Namur sous la juridiction de la Chambre des métiers de Namur. Il serait bon également, vu la diversité des langues, d'adjoindre la partie wallonne du Limbourg à la province de Liège, la partie flamande dépendant alors du Brabant ou d'Anvers. Il y aurait donc 7 Chambres; 3 wallonnes: Liège, Namur et Mons; 3 flamandes: Anvers, Gand et Bruges et une bilingue: Bruxelles.

Statuts. — Les statuts-types rédigés par les autorités seraient, de même qu'en Allemagne, susceptibles d'être appropriés, par la Chambre elle-même, plus spécialement aux conditions de production inhérentes à chaque circonscription. Le métier d'armurier, par exemple, qui caractérise la région de Liège, s'exerce dans d'autres conditions que celui de diamantaire, propre à Anvers. Les Chambres devraient donc conserver une certaine initiative d'organisation se manifestant par le droit de modifier, dans des limites prescrites, le règlement-type émanant de l'autorité supérieure.

La plupart des détails d'organisation pourraient être calqués sur la législation allemande, en s'inspirant du principe qu'il n'existe pas de corporations et que, s'il s'en créait, elles ne seraient que de simples groupements privés non reconnus par la Chambre des métiers.

Élections. — Les élections devraient se faire au suffrage direct mais par métiers. A cette fin, le district de chaque chambre serait divisé, d'après le nombre d'artisans, en sous-districts. Chacune de ces subdivisions aurait ses mandataires, élus par métiers, en nombre proportionnel au chiffre d'adhérents à chaque profession.

Si certains métiers ne comptaient pas assez de membres pour faire choix d'un délégué particulier, les intéressés pourraient nommer un mandataire commun ou être assimilés aux artisans dont la profession a le plus d'analogie avec les métiers non représentés.

Ressources. — Les ressources des Chambres seraient, sous approbation de l'autorité supérieure, tirées des caisses communales avec droit, pour les communes, de se couvrir de leurs avances sur les intéressés, à l'exemple de la législation allemande. Il ne peut naturellement être question de lourds impôts; les Chambres peuvent toujours, dans les cas difficiles, solliciter les subsides des pouvoirs compétents. S'il s'agit, par exemple, de la création d'une école professionnelle, elles s'adresseront à la Commune, à la Province, à l'État, selon que la nouvelle institution répondrait à un besoin d'intérêt local, provincial ou général.

Inspecteur du gouvernement. — Le Ministère de l'Industrie et du Travail pourrait s'assurer du fonctionnement régulier des Chambres des métiers en se faisant représenter auprès de chacune d'elles par un inspecteur correspondant au commissaire-délégué allemand et ayant les mêmes attributions.

Voilà les principaux traits qui devraient caractériser l'organisation de Chambres des métiers belges. La tentative allemande est déjà, en elle-même, réconfortante. Il y a donc tout lieu de croire qu'en profitant de l'expérience acquise Outre-Rhin et des enseignements qui en découlent, les Belges pourront faire œuvre au moins aussi utile. Il ne faut pas, d'ailleurs, se dissimuler que l'énergie et le zèle des Handwerkskammern de l'Empire est pour beaucoup dans les résultats atteints. Un vrai dicton du métier dit: «Tel le maçon, telle la maçonnerie». L'institution des Chambres des métiers veut, pour être fructueuse, des collaborateurs intelligents, dévoués, actifs et désintéressés. Aux artisans, la tâche bien délicate de découvrir ceux d'entre eux qui se rapprochent le plus de cet idéal.

VI. Liste des Handwerkskammern.

(HWK. = Handwerkskammer, arr[t] = arrondissement.)

A) Royaume de Prusse.

	Nom et siège:	District:
1.	HWK. de Kœnigsberg,	arr[t] de Kœnigsberg, sauf le canton de Memel.
2.	„ „ Insterbourg,	arr[t] de Gumbinnen et canton de Memel.
3.	„ „ Dantzig,	province de Prusse occidentale.
4.	„ „ Berlin,	ville de Berlin et arr[t] de Potsdam.
5.	„ „ Francfort-sur-l'Oder,	arr[t] de Francfort-sur-l'Oder.
6.	„ „ Stettin,	arr[ts] de Stettin et de Köslin.
7.	„ „ Stralsund,	arr[t] de Stralsund.
8.	„ „ Posen,	„ „ Posen.
9.	„ „ Bromberg,	„ „ Bromberg.
10.	„ „ Breslau,	„ „ Breslau.
11.	„ „ Liegnitz,	„ „ Liegnitz.
12.	„ „ Oppeln,	„ „ Oppeln.
13.	„ „ Magdebourg	„ „ Magdebourg.
14.	„ „ Halle,	„ „ Mersebourg.
15.	„ „ Erfurt,	„ „ Erfurt et canton de Schmalkalden.
16.	„ „ Altona,	partie sud de la province de Schleswig-Holstein et principauté d'Oldenbourg-Lubeck.
17.	„ „ Flensbourg,	arr[t] de Flensbourg, villes et banlieues de Apenrade, Sonderbourg, Hadersleben, Tondern, Husum, Eiderstedt, Schleswig, Eckernfœrde, Norderdithmarscher et Suderdithmarscher.
18.	„ „ Hanovre,	arr[t] de Hanovre, canton de Rinteln et principauté de Pyrmont.
19.	„ „ Hildesheim,	arr[t] de Hildesheim.
20.	„ „ Harbourg,	„ „ Lunebourg et de Stade.
21.	„ „ Osnabruck,	„ d'Osnabruck et d'Aurich.
22.	„ „ Munster,	„ de Munster.
23.	„ „ Bielefeld,	„ „ Minden.
24.	„ „ Arnsberg,	cantons d'Arnsberg, de Brilon, de Meschede, d'Olpe, de Wittgenstein, d'Iserlohn, d'Altena et de Siegen.
25.	„ „ Dortmund,	cantons de Dortmund, ville et banlieue, de Hœrde, de Hamm, de Bochum, ville et banlieue, de Gelsenkirchen, de Hattingen, de Hagen, ville et banlieue, de Schwelm, de Lippstadt et de Soest.
26.	„ „ Cassel,	arr[t] de Cassel (sauf les cantons de Rinteln et de Schmalkalden) et principauté de Waldeck.
27.	„ „ Wiesbaden,	arr[t] de Wiesbaden.

28. HWK. de Coblence,	arr[t] de Coblence.
29. „ „ Dusseldorf,	„ „ Dusseldorf.
30. „ „ Cologne,	„ „ Cologne.
31. „ „ Aix-la-Chapelle,	„ d'Aix-la-Chapelle.
32. „ „ Trèves,	arr[t] de Trèves et grand-duché d'Oldenbourg-Birkenfeld.
33. „ „ Sigmaringen,	arr[t] de Sigmaringen.

B) Royaume de Bavière.

Nom et siège:	District:
34. HWK. de la Haute Bavière, siège: Munich.	arr[t] de la Haute Bavière.
35. HWK. de la Basse Bavière, siège: Passau.	„ „ „ Basse „
36. HWK. du Palatinat, siège: Kaiserslautern.	„ du Palatinat.
37. HWK. du Haut Palatinat et de Ratisbonne, siège: Ratisbonne.	„ du Haut Palatinat et de Ratisbonne.
38. HWK. de la Haute Franconie, siège: Bayreuth.	„ de la Haute Franconie.
39. HWK. de la Franconie centrale, siège: Nuremberg.	„ „ „ Franconie centrale.
40. HWK. de la Basse Franconie et d'Aschaffenbourg. siège: Wurzbourg.	„ „ „ Basse Franconie et d'Aschaffenbourg.
41. HWK. de la Souabe et de Neubourg. siège: Augsbourg.	arr[t] de la Souabe et de Neubourg.

C) Royaume de Saxe.

En Saxe, de même que dans les trois villes hanséatiques, les Chambres des métiers ont été adjointes aux Gewerbekammern ou Chambres de l'industrie. La loi de 1897 n'y a donc pas trouvé une application intégrale. Les Gewerbekammern dépendent directement du pouvoir central. Elles n'ont pas de ou délégué du gouvernement (Regierungskommissar).

Nom et siège:	District:
42. Gewerbekammer de Chemnitz,	cantons de Chemnitz et ville Annaberg, Borna, Dœbeln, Flœha, Glauchau, Marienberg, Rochlitz.
43. „ „ Dresde,	arr[t] de Dresde, Cantons de Grimma et d'Oschatz.
44. „ „ Leipzig,	canton et ville de Leipzig.
45. „ „ Plauen,	cantons de Plauen, Auerbach, Oelsnitz, Schwarzenberg, Zwikkau.
46. „ „ Zittau,	arr[t] de Bautzen.

D) Royaume de Wurtemberg.

Nom et siège:	District:
47. HWK. de Stuttgard,	ville de Stuttgard et cantons de Bœblinger, Cannstadt, Esslingen, Gmund, Gœppingen, Kirchheim, Leonberg, Ludwigsbourg, Schorndorf, Stuttgard-Amt, Waiblingen et Welzheim.

48.	HWK. d'Ulm,	cantons de Biberach, Aalen, Blaubeuren, Ehingen, Ellwangen, Geislingen, Heidenheim, Laupheim, Leutkirch, Munsingen, Neresheim, Ravensbourg, Riedlingen, Saulgau, Tettnang, Ulm, Waldsee et Wangen.
49.	„ „ Heilbronn,	cantons de Backnang, Besigheim, Brakkenheim, Crailsheim, Gaildorf, Gerabronn, Hall, Heilbronn, Kunzelsau, Marbach, Maulbronn, Mergentheim, Neckarsulm, Oehringen, Vaihingen et Weinsberg.
50.	„ „ Reutlingen,	cantons de Balingen, Calw, Freudenstadt, Herrenberg, Horb, Nagold, Neuenbourg, Nurtingen, Oberndorf, Reutlingen, Rottenbourg, Rottweil, Spaichingen, Sulz, Tubingen, Tuttlingen et Urach.

E) Grand-Duché de Bade.

	Nom et siège:	District:
51.	HWK. de Constance,	cantons de Constance, Villingen et Waldshut.
52.	„ „ Fribourg,	cantons de Fribourg (en Brisgau), Lörrach et Offenbourg.
53.	„ „ Carlsruhe,	cantons de Bade et de Carlsruhe.
54.	„ „ Mannheim,	cantons de Mannheim, Heidelberg et Mosbach.

F) Autres États de l'Empire.

	Nom et siège:	District:
55.	HWK. de Darmstadt,	Grand-Duché de Hesse.
56.	HWK. mecklembourgeoise, siège: Schwerin.	Grands-Duchés de Mecklembourg-Schwerin et Mecklembourg-Strelitz.
57.	HWK. de Weimar,	Grand-Duché de Saxe.
58.	„ „ d'Oldenbourg,	Duché d'Oldenbourg.
59.	„ du duché de Brunswick, siège: Brunswick.	Duché de Brunswick.
60.	HWK. de Meiningen,	Duché de Saxe-Meiningen.
61.	„ „ Gera,	Duché de Saxe-Altenbourg et principauté de Reuss, ligne cadette.
62.	„ „ Gotha,	Duchés de Cobourg et de Gotha.
63.	„ d'Anhalt, siège: Dessau,	Duché d'Anhalt.
64.	HWK. d'Arnstadt,	Principautés de Schwarzbourg-Rudolstadt et Schwarzbourg-Sondershausen.
65.	„ de Greiz,	Principauté de Reuss, ligne aînée.
66.	„ „ la principauté de Schaumbourg-Lippe, siège: Stadthagen,	Principauté de Schaumbourg-Lippe.
67.	HWK. de la principauté de Lippe, siège: Detmold,	Principauté de Lippe.
68.	Gewerbekammer de Lubeck,	Ville libre de Lubeck.
69.	„ „ Brême,	État de Brême.
70.	„ hambourgeoise, siège: Hambourg,	État de Hambourg.
71.	HWK. d'Alsace-Lorraine, siège: Strasbourg,	Territoire d'Alsace-Lorraine.

Kolibri 360 GmbH
Ferdinand-Jühlke-Straße 7
99095 Erfurt, Deutschland
produktsicherheit@kolibri360.de